U0520496

首席经济学家系列 ❷

中国经济增长的关键

科技创新与新基建

屈宏斌 宋陕珊 ◎ 著

浙江大学出版社

图书在版编目（CIP）数据

中国经济增长的关键：科技创新与新基建 / 屈宏斌，宋陕珊著. -- 杭州：浙江大学出版社, 2022.5
ISBN 978-7-308-22353-9

Ⅰ.①中… Ⅱ.①屈…②宋… Ⅲ.①技术革新—研究—中国②基础设施建设—研究—中国 Ⅳ.①F124.3 ②F299.24

中国版本图书馆CIP数据核字(2022)第022170号

中国经济增长的关键：科技创新与新基建
屈宏斌　宋陕珊　著

策　　划	杭州蓝狮子文化创意股份有限公司
责任编辑	黄兆宁
责任校对	卢　川
封面设计	邵一峰
出版发行	浙江大学出版社
	（杭州市天目山路148号　邮政编码310007）
	（网址：http://www.zjupress.com）
排　　版	杭州真凯文化艺术有限公司
印　　刷	杭州钱江彩色印务有限公司
开　　本	880mm×1230mm　1/32
印　　张	7.5
字　　数	134千
版 印 次	2022年5月第1版　2022年5月第1次印刷
书　　号	ISBN 978-7-308-22353-9
定　　价	62.00元

版权所有　翻印必究　印装差错　负责调换
浙江大学出版社市场营运中心联系方式：（0571）88925591；http://zjdxcbs.tmall.com

序　言

改革开放以来的40多年里,我国经济年均增长率在10%左右,实现了从世界上最贫穷的人口大国向中等偏上收入国家的跨越式发展,取得了举世瞩目的成就。但是,近年来我国经济增速呈现持续放缓的趋势,引发了各界对我国落入中等收入陷阱风险的担忧。当一个后发国家步入中等收入发展阶段,曾经的低成本优势和依赖生产要素投入的增长动能已经消失,要想继续保持合理可持续的经济增长,就必须依靠提高生产率等新的增长动能。而新旧增长动能的转换却知易行难。事实上,在过去80年里,全球150多个中低收入国家当中,仅有极少数国家成功地实现这种转换,并在步入中等收入阶段后仍然保持了持续增长。目前新冠肺炎疫情对我国国内经济的影响逐渐减弱,经济逐步恢复正常,但未来的发展仍然面临诸多挑战。如何更充分地发挥潜在优势,应对挑战,提高生产率,增强新动力,值得深刻探讨。

在本书中,笔者结合当年亚洲"四小龙"等经济体的经验教训，讨论和总结了一个中等收入阶段经济体生产率增长的三大主要决定因素。

首要因素是人力资本。不同于认为我国人口红利消失的悲观论调，笔者认为决定生产率增长的关键因素在于人力资本，而非劳动力数量的多寡。尽管我国劳动年龄人口数量已经见顶，但整体受教育程度大幅提高，我国人力资本积累在未来10年里将继续增长。我国每年约900万的高校毕业生数量超过了美国、欧洲、日本和韩国的总和，这将为我国产业升级和技术创新提供有利的人力资本条件。

第二大因素在于创新能力。我国近些年研发投入和技术进步的增长速度令世界瞩目，例如我国专利申请数量近年稳居世界第一，电子产品出口份额大幅上升，我国在全球价值链中的位置不断上移等。根据世界国际产权组织机构的调查，我国是全球最具创新力经济体20强中唯一的新兴市场国家。诚然，在追求创新发展的路途中难免遇到挫折，中美贸易战向科技领域的蔓延就是当下的一大挑战。除了美国，我国与其他发达经济体例如欧、日、韩等在科技领域也存在较大差距，而差距意味着有学习和追赶的空间。我国政府近年来一系列加强科技研发和国际合作的举措，将有助于我国进一步提高创新能力和水平。

第三大因素来自基础设施建设。它不仅是经济持续发展的支撑点所在，也有助于促进整体生产效率的持续增长。过去10年，我国在传统基建方面取得了长足进展，这已经带来并将继续带来积极的溢出效应，推动经济的快速发展；而近几年，我国在"新基建"方面也开始加大投入，并取得了不凡的成绩。同样跟随而来的是一些挑战，其中包括债务负担的增加。但好消息是，相对国有企业，作为创新、就业和经济增长主要推动力的民营企业反而仅占用了小部分企业信贷资源。削减债台高筑的国企信贷额度，并引导信贷流向民企，将有助于更好地解决债务和增长的平衡问题。

本书一共分为7章，从客观、科学的分析框架出发，分别详细阐述我国在这三大要素方面已经积累的有利条件以及如何发挥其巨大潜力，面临的挑战和如何应对这些挑战。

第1章首先研究了第一大要素——人力资本。尽管我国劳动年龄人口规模开始萎缩，但劳动力教育水平已大幅提高。在未来10年内，每当有2名人均受教育年限不足8年的劳动力退休，就会有1.9名受教育年限为12年的新劳动力加入。这意味着我国人力资本储备量将加速增长。正如前文所述，我国的高等教育学府每年培养的毕业生数量超过欧洲、美国、日本和韩国的总和。这些毕业生中有接近半数是科学、技术、工程和数学方面专业的人才，这将为工程师和技术人员人才池注入源源不断的资源，继续帮助中国在未来几年里攀登技术阶梯。

创新是生产率增长的又一大要素，它促进了新产品和新技术的发现、应用和推广。我国企业的创新能力如何？我国的政策和商业环境是否有助于创新型企业成长，鼓励企业加大技术投资？本书的第2章研究了这些问题。近年来，我国的民营企业一直在科研方面加大投资，并成为创新的主要驱动力。2020年，全国共投入研究与试验发展（R&D）经费突破2.4万亿元，投入强度（与GDP之比）达到2.4%，同时专利申请总量继续稳居世界第一。可以说，作为一个新兴经济体，近年来我国在研发和创新方面的增速无人能出其右，这也使得我国能向全球价值链上游持续攀升。电子产品在全球的份额迅速上升就是明证——我国电子产品出口占全球的比例已经从2008年的18%飙升到2018年的24%。近年来政府的一系列举措，例如改善商业环境、加强知识产权保护和扩大对外开放和服务业开放，均将继续助推创新能力的提高。

中国"制造"对推动生产率增长具有重要作用，而中国"智造"则引领着更高水平的未来。本书第3章对我国制造业进行了深入的分析。尽管近年来服务业在我国经济增长中的贡献越来越大，已经超过了第二产业，但"十四五"规划却重提"维持制造业比重稳定"。实际上，对比其他发达国家的历史经验，无论是从制造业就业比重还是从人均GDP与美国水平对比，我国目前"去工业化"为时尚早，进一步推动工业发展仍有巨大空间。更高效的工业发展才能推动我国生产率的进一步提高。2011年以来，我国制造业投资经历了长期的下行趋势，但笔者认为2020年年底以来制造业投资的加速复苏将持续更长时间，且其动力更多来自结构性因素，而非简单的周期上行。除了制造业行业利润的增速和产能利用率水平的回升，新一轮的自动化和数字化浪潮将为提振制造业投资提供更多的结构性增长因素。同时，"十四五"规划强调科技自立自强，政策方将有望为科技升级提供更多助力，例如进一步加大研发投入，特别是在基础研究方面。

在发展创新的过程中，中国不可避免地会遇到困难和挫折，目前最大的挑战在于中美贸易战向科技领域的溢出。第4章对此进行了深入翔实的研究。美国采取了一系列措施试图阻挠我国的科技发展，包括对我国的科技公司实行出口限制、禁止中国投资美国公司、限制我国研究人员访问美国等。然而，笔者的分析表明，欧盟等其他发达经济体在许多领域的科研水平与美国相当，甚至领先于美国，这为我国提供了通过技术转让和合作学习可获得的替代资源。例如，在几乎所有科学和工程领域，欧盟发表的高质量同行评议文章都超过了美国或中国，包括生物学、计算机科学和医学科学等领域。从人才的角度来看，尽管美国在高质量教育机构中占有相当大的份额，但其数量仍不及欧洲和亚洲的总和。因此，即使美国退出合作或加以阻挠，也难以扼杀我国的创新发展，难以阻碍我国在全球价值链中不断往上游移动的步伐。与此同时，我国政府对创新投入的关注也不断加强，对知识产权的保护、大量高技术水平人才的培养，都为自主技术研发夯实了基础。进一步对外开放并强化与其他发达经济体的合作，继续加强自主创新和技术开发，加大对研发投入和对民营企业的政策支持，均将有助于中国的技术追赶和生产率增长。

在第5章中，笔者分析了第三大要素基础设施投资如何产生积极的溢出效应，从而拉动整体生产率的提高。2008年全球金融危机后，我国启动了一场基础设施投资热潮，这带来了传统基建（公路、铁路）的跃迁式发展。在过去的10年间，空中交通和铁路长度的增长已经超过了2008年之前40年里的增长，而2008年才开始建设的我国高铁网络，现在已经占到全球高铁网络的2/3以上。在"新基建"方面，近几年我国也已取得了较大的进步。在技术部门，我国宽带和网络移动服务已经达到发达国家水平，也成为第一个开发、测试和推出商业网络的国家，现拥有世界上最大的5G移动网络。强大、完备的基础设施不仅为人们节省了大量的交通时间，更产生了巨大的网络效应，大大推动了生产率的提高。未来几年，快速发展的传统和新型基建均将继续为我国的发展带来巨大的正面效应。

基建的繁荣引发市场疑问：我国是否已经过度投资？本书

第6章阐述如何通过增加投资提高生产率的潜力,即所谓的资本深化。增加投资的真正优势在于其带来的生产率提高和技术进步,而增加对高生产率部门(即制造业)的投资,还有利于进一步发挥这些优势。企业信心的恢复将是促进投资增长的关键,也是通过资本深化来推动我国长期经济增长的关键。继续实施有针对性的减税降费政策,政策支持引导更多信贷资源流入民营部门等,将有助于投资的增长。

诚然,在实现可持续生产率增长的道路上,会面临各种各样的困难,其中最大的挑战来自债务的攀升。本书第7章探讨了这一问题。我国的债务占GDP的比例较高,且仍在上升。在金融体系维持稳定和推动经济增长之间取得平衡,是政策的重要内容之一,但实施起来显然比想象的困难。然而值得注意的是,我国的债务负担主要集中在国有企业和地方政府部门,创造了全国超过60%的GDP、70%的专利活动和85%城市就业的民营企业,却仅占不到30%的企业债务,杠杆水平也处于更合理空间。这为我们解决去杠杆化和平衡增长难题提供了思路,即推动银行增加贷款给效率更高的民营部门,同时削减债台高筑的国企信贷额度。由于民企是创新的主力军,这还将有利于我国对技术和创新领域的投资。地方政府融资平台和房地产领域,也是非金融企业债务的重要推手,未来政策方向应关注平衡其债务风险和经济发展。

目 录

前言：中国的潜在增长率究竟几何

第 1 章　人口与人力资本
中国人口结构的显著变化 _3
人力资本存量加速增长 _8
人力资本是推动创新发展的关键 _13

第 2 章　中国经济的创新引擎
创新发展"重拳出击" _21
激发创新的动力何在 _24
创新的上升空间巨大 _43
创新驱动增长 _47

第 3 章　重启制造业，重燃生产率增长引擎

工业化是生产率增长的引擎 _51

我国继续工业化空间巨大 _57

本轮制造业投资回升将更加持久 _62

政策助力推动工业化发展 _72

第 4 章　中美"科技战"：如何突围

从"贸易战"到"科技战" _77

继续向全球价值链上游移动 _93

突破重围的武器 _109

第 5 章　基建投资：联通创造力

基础设施的巨大飞跃 _131

快速追赶的信息科技基建 _141

基建发展的正溢出效应 _143

基础设施：创新驱动发展模式的催化剂 _149

第 6 章　为投资正名：投资如何提高生产率

为什么说我国仍然需要继续增加投资 _155

激发产业升级和技术更新投资的活力 _159

深化改革，促进有效投资 _162

第 7 章　化解债务风险，提高资源配置效率

我国的债务水平有多高 _181

地方政府的债务风险有多大 _193

房地产债务值得关注 _203

结语 _217

参考文献 _218

前　言

中国的潜在增长率究竟几何

2020年，我国与其他经济体一样，都经历了前所未有的疫情冲击。在这场疫情中，中国先进先出，GDP增速在2020年年底恢复到疫情前水平，这一复苏势头延续到了2021年第一季度。与此同时，随着疫苗的推广和全球财政刺激政策为经济增长提供动力，全球经济也在持续复苏。2021年下半年以来，通胀高企和新冠病毒新型变异给全球经济复苏带来一定的挑战，但从结构角度看，中国经济的增长动力不仅依旧保持着弹性，其中一些增长动力甚至还在增强。经济增长保持稳健，但不太可能导致严重的经济过热，因为实际增长率可能低于潜在增长率，所以将会产生负的产出缺口（实际增长率减去潜在增长率）。

如何估算经济的潜在增速？其中一种方法是使用滤波法

来寻找趋势增长率，例如对产出进行HP滤波分析[①]。另一种方法是关注经济增长动力，以自下而上的角度估算潜在增长率。笔者使用柯布–道格拉斯生产函数，通过经济体的组成部分，包括劳动力、资本和全要素生产率（total factor productivity）来估算增长率。两种方法均显示，产出缺口与通货膨胀之间存在一定关联。负的产出缺口通常表现为较低的通胀压力，且具有明显的滞后性，因为需求或供给可能低于理想水平，导致通胀变化滞后于经济活动。由于新冠肺炎疫情对经济造成负面冲击，负的产出缺口有所扩大（见图1），且考虑到影响将会滞后，这更有可能在短期内为通胀带来下行压力而不是上行压力。

中国经济的复苏是否意味着实际增长率将超过潜在增长率？从结构角度看，增长动力继续支持潜在增长，并使其保持在有弹性的水平。笔者预计，2022年中国的经济增长率或仍将低于疫情前水平（2019年为6.0%）。

常有观点认为，中国的潜在增长率正在放缓。根据HP滤波分析法，趋势增长率确实有所下降，但这一方法存在已知的终点偏差问题（样本尾部附近的数据点对趋势增长率有较大影

[①] HP滤波法由Hodrick和Prescott于1980年在分析美国战后经济景气时提出。其将时间序列看作不同频率的成分的叠加，分离出频率较高的成分（中短期波动）和频率较低的成分（长期趋势）。

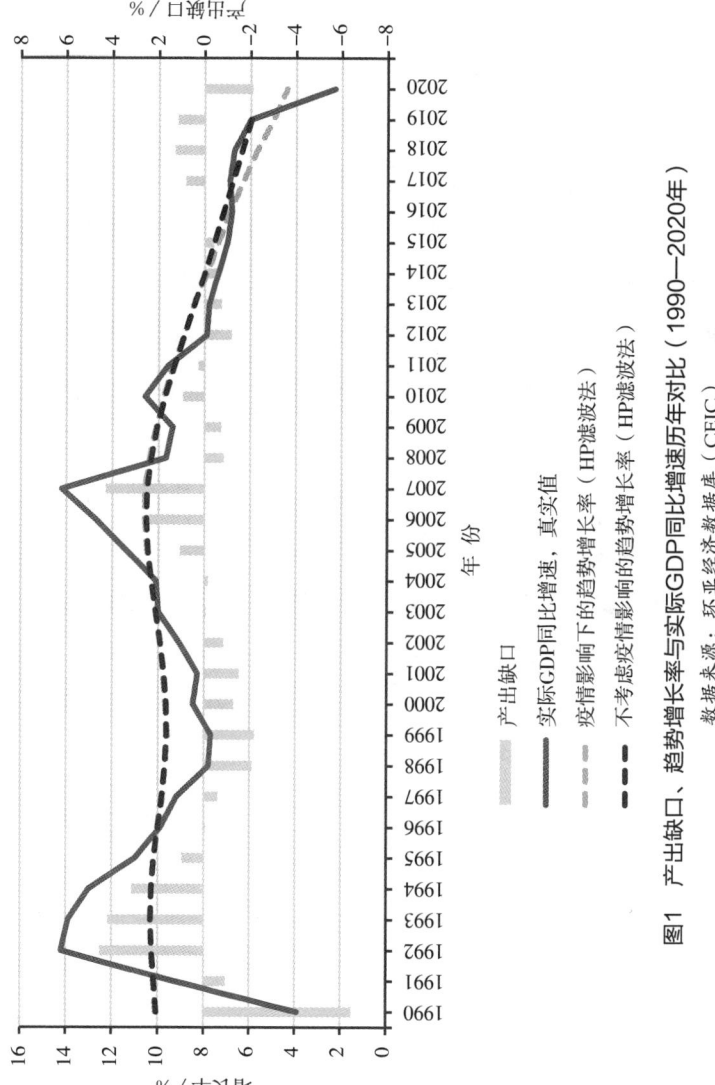

图1 产出缺口、趋势增长率与实际GDP同比增速历年对比（1990—2020年）

数据来源：环亚经济数据库（CEIC）

响)。由于新冠肺炎疫情对尾部数据的影响,该趋势值或已被数据样本尾部受到的冲击拉低,因此HP滤波分析法或许并不是观察当前潜在增长水平的最佳方法。将新冠肺炎疫情对经济的冲击纳入分析,将使趋势增长率降至4.5%以下,而不考虑冲击,将使趋势增长率更接近6%(不过,由于中美贸易紧张局势等外部因素导致近年经济增速放缓,这也可能存在下行偏差)。事实上,通过研究经济结构,从理论上对潜在增长率进行估算,我们可以得出更可靠的潜在增长率。这一潜在增长率一直保持弹性,应高于6%的水平。

有观点认为,中国的GDP增速放缓,趋近其他发达国家水平是正常现象。然而这只是从整体GDP的角度看,忽略了按人均GDP计算我国仍然相对落后的事实。与其他能够跨越中等收入发展阶段的国家相比,这些国家在GDP增速开始放缓之前就已经达到了足够高的劳动生产率水平。主要发达国家如英、德、日、韩等国家均在人均GDP占美国水平的百分比达到40%以上后,其年均GDP增速才放缓至6%以下;而中国目前的人均GDP虽然已经超过1万美元(2019年以来),但仍只占美国水平的16%,仍有较大的进步和追赶空间。

因此,我国仍然有空间甚至有必要继续保持高速增长。从这个角度看,认为我国已经足够发达、经济增长即将大幅放缓,可能还言之过早。相反,我国需要保持足够快的发展速

前 言

度,以便继续追赶更发达的经济体。接下来,本书将从生产要素角度(包括人力资本、资本深化、创新能力等)逐一进行分析。

笔者预计,与疫情前水平相比,GDP潜在增长的组成部分将总体保持稳定;且从中期看,在某些情况下甚至可能加快。尽管疫情对增长动力造成了一些下行压力,但复苏速度意味着大部分影响可能是暂时的。未来15年,我国的GDP潜在增速可能会超过6.5%。人力资本仍将对劳动生产率增长做出积极贡献,预计其在中期对潜在增长的贡献率为7%~10%。投资增长甚至可能会有所加快,因为政策重点转向工业化,可能会导致基础设施建设的增加。笔者预计,资本深化的贡献率在未来15年将攀升至54%,这与目前48%的比率形成鲜明对比。此外,全要素生产率对潜在增长的贡献率约为42%,考虑到我国对创新的高度重视,全要素生产率的贡献率可能会总体保持稳定。如果能够充分挖掘增长潜力,我国的劳动生产率到2035年达到中等发达国家水平的目标将可以更快实现。要实现2035年目标,我国的GDP年增长率至少要达到4.7%,这相比我们预测的潜在增长率仍有足够的回旋余地。笔者预测,到2030年,中国的国内生产总值将超过美国,但要达到与美国相同的劳动生产率水平,还有很长的路要走。值得一提的是,中国人民银行2021年3月25日发布的工作论文《"十四五"期间我国潜在产出和增长动力测算研究》预测，未来5年潜在增长率在5%~5.7%。相比之下，笔者的观点更加乐观。这是因为笔者预测人力资本开发和全要素生产率增长的贡献率都会更高。

第 1 章

人口与人力资本

尽管劳动力人口总量在不断减少,但在未来几年,我国每年将出现超过800万高校毕业生,其中超过40%毕业于理工学科。大量技术熟练的劳动力成为我国独特的人力资本优势,这不仅将助推生产率的提高,缓解人们对我国增长潜力的担忧,也为产业升级和创新提供源源不断的高技能人才。

中国人口结构的显著变化

影响我国潜在生产率增速的第一大要素是人力资本要素。

我国人口数量和结构近年来出现了显著的变化。由于老龄化和较低生育率，劳动年龄人口数量于2015—2019年达到顶峰后已经开始逐步下行。一些流行观点认为，劳动力数量的减少意味着人口红利的消失。实际上，这种观点似乎有些过虑了。尽管劳动力数量有所下降，人口老龄化，但我国的人力资本增长却行将加速。而这背后的原因，在于劳动力教育水平的显著提高。

近几十年，中国的人口结构发生了显著变化，而这一切可以追溯至20世纪70年代。其时，在尝试了多种计划生育政策后，我国最终于1979年确定了"独生子女政策"。这之后，生育率显著下降。我国平均每名妇女生产胎数，从1969年的超过6胎降低至1990年不到2胎。随之而来的是人口总抚养比［受抚养人口（15

岁以下或64岁以上）与劳动年龄人口（15～64岁）的比例］的大起大落。根据联合国《2019年世界人口前景报告》，中国总抚养比从1965年的80.5%下降到2010年的36.5%——有记录以来的最低点；之后开始不断上升，预计将进一步上升至2030年的48.4%，至2050年或将升至67.3%（见图1-1）。而在更遥远的将来，持续老龄化的人口结构还将使得这一上升趋势进一步加速。事实上，中国的劳动年龄人口于2015—2019年达到顶峰后已经开始下降。根据第七次全国人口普查，2020年中国的劳动年龄人口达到8.79亿，较2010年减少了3700万；而65岁及以上人口占比增加了4.6个百分比，至13.5%。根据人社部2021年2月预测，"十四五"期间，我国劳动年龄人口预计会进一步减少3500万人，并从轻度老龄化社会进入重度老龄化社会。不得不说，这对经济是一个潜在的挑战。

劳动力数据也呈现类似的趋势，多方数据对此提供了证据。据世界银行估算，中国劳动力数量在2018年首次下降；而中国科学院（CAS）的数据显示，在可预见的未来，中国劳动力数量将继续萎缩。根据中国城镇职工基本养老保险基金的统计数据和中国科学院对15～24岁新入职人员的估计数据，在未来5年（2021—2025年）内，每2名职工退休，将对应约有1.9名新人入职。除了劳动年龄人口的减少，劳动力的萎缩也来自劳动参与率的下降。根据世界银行的数据，中国的劳动参与率逐年下

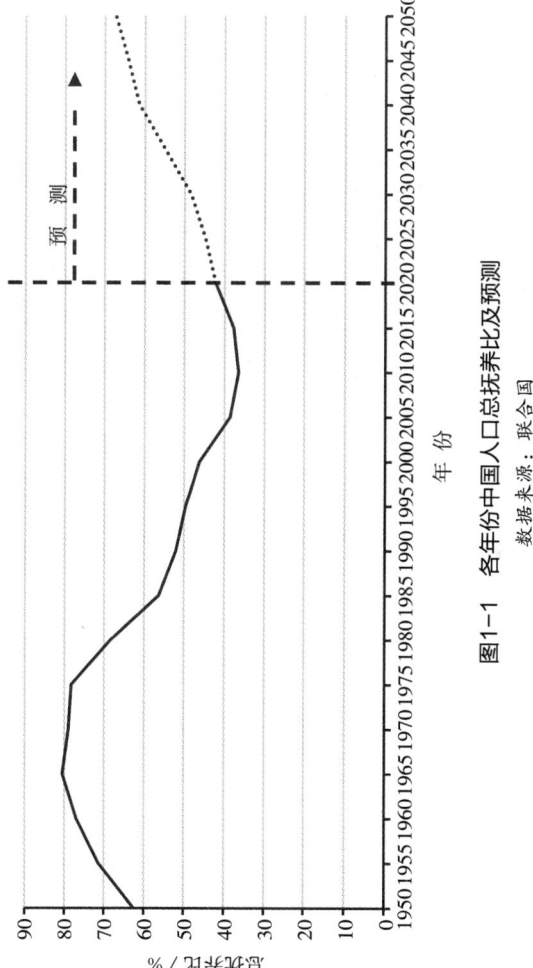

图1-1 各年份中国人口总抚养比及预测

数据来源：联合国

降（见表1-1、图1-2）。这背后可能的原因有很多，例如更多的年轻人选择增加接受教育的时间，而更多的老年人由于社会保障制度的改善而选择更早地退出劳动力市场。

表1-1 中国的劳动参与率

单位：%

类　别	2000年	2005年	2010年	2015年	2019年
15～64岁人口	82.6	78.8	76.8	76.3	75.9
15～64岁男性人口	87.9	84.8	83.5	83.0	82.8
15～64岁女性人口	76.9	72.5	69.8	69.1	68.8
男女之间差距	11.0	12.3	13.7	13.9	14.0

数据来源：世界银行，CEIC

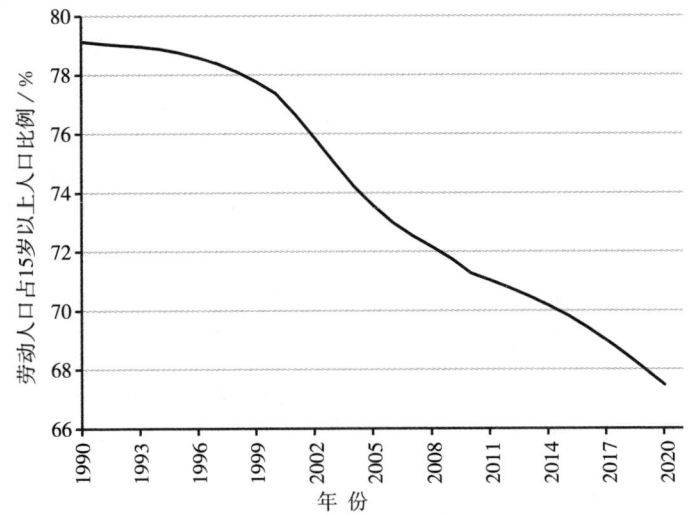

图1-2　各年份中国的劳动参与率

数据来源：世界银行

此外，中国科学院还对劳动力老龄化进行了预测，预计到2025年，25~34岁和45~54岁的劳动力比例将分别比2018年低4.1%和2.1%，而50~59岁的比例则将比2018年增加4.2%（见图1-3）。

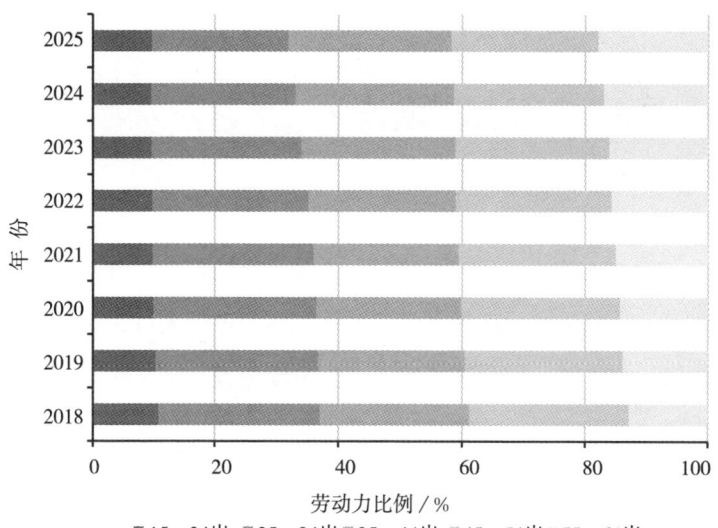

图1-3　历年各年龄段劳动力比例及预测（2018—2025年）

数据来源：中国科学院

人力资本存量加速增长

许多人认为，我国人口结构的变化会降低增长潜力。直观来看，让越来越少的工人供养越来越多的退休人口，确是一大难题。我们把一国的潜在增长分为劳动力投入增长和劳动生产率增长，劳动力的萎缩将削弱劳动力投入增长的贡献，即所谓的"人口负红利"。如果潜在经济增长放缓，我国就有可能出现"未富先老"的问题，这将给财政资源和社会稳定带来巨大压力。因此，有不少观点认为我国可能因人口问题陷入中等收入陷阱。中等收入陷阱意味着一国达到中等收入水平后，因为人口等因素，经济发展陷入停滞。然而，这些担忧言过其实。笔者认为，尽管劳动力数量在减少，老龄化加剧，但由于我国劳动力的受教育年限不断提高，人力资本存量在未来几年将加速增长。

在这里，我们通过两组数据的组合来探寻中国劳动力教育水平的变化。第一组数据来自Barro-Lee数据库，这是国际教育统计最常用的来源之一。这组数据展现了1950—2010年期间，按年龄组划分的受教育程度，并预测了2015—2040年不同年龄组分别的受教育程度。由于这一数据只更新到2010年，笔者补充了第二组数据，也就是世界银行1970—2017年的总入学率数据，以跟踪2010年后我国劳动力人口教育水平的变化。数据显示，自1950年以来，中国劳动年龄人口（15~64岁）的平均受教育年限是在不断提高的，从1990年的6.5年上升到2010年的8.3年，并预计在2030年和2040年分别上升到9.9年和10.9年。我国的人口普查数据与世界银行的数据略有出入，但同样呈现平均受教育年限不断增长的趋势。根据第七次全国人口普查的数据，2020年我国劳动年龄人口的平均受教育年限已从2010年的9.67年提高至10.75年。

受教育年限的提高来自两大因素。首要是旨在不断提高教育水平的政策支持。如图1-4显示，自20世纪80年代以来，由于更多的人进入中学并完成了中学教育，仅有小学文凭的人口比例开始下降。而1986年开始实行的九年义务教育制度，对普及中小学教育更是起到了重要作用。随着没有受过教育和仅受过小学教育的人口比例的下降，受过中学教育的人口比例上升。近年来，政府投入了更多的政策资源来提高高等教育入学

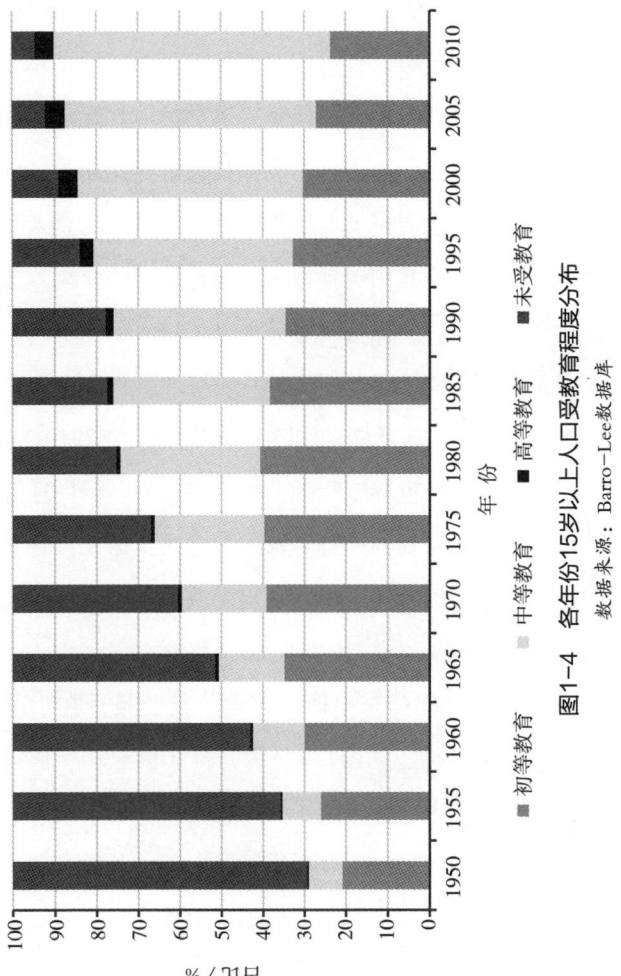

图1-4 各年份15岁以上人口受教育程度分布

数据来源：Barro-Lee数据库

率，因此受过高等教育的人口比例也开始有所提高。世界银行的数据也显示，近年来，我国中等和高等教育的毛入学率持续上升。

第二个因素来自"退出—进入"效应。随着受教育水平相对较低的老员工离开，受教育程度相对较高的年轻一代开始参加工作，劳动力整体的平均受教育年限有所提高。图1-5显示了每10年新参加工作者和退休者之间的教育差距。根据该数据可预测，2021—2030年，每2名受教育年限低于8年的老一代员工退休，就会有1.9名受教育年限超过12年的年轻一代员工取代他们。

基于上述分析，笔者认为劳动力素质的提高将抵消人口老龄化和劳动力数量减少所造成的负面影响，将劳动力受教育水平考虑在内的人力资本在未来10年仍将继续增长。

中国经济增长的关键：科技创新与新基建

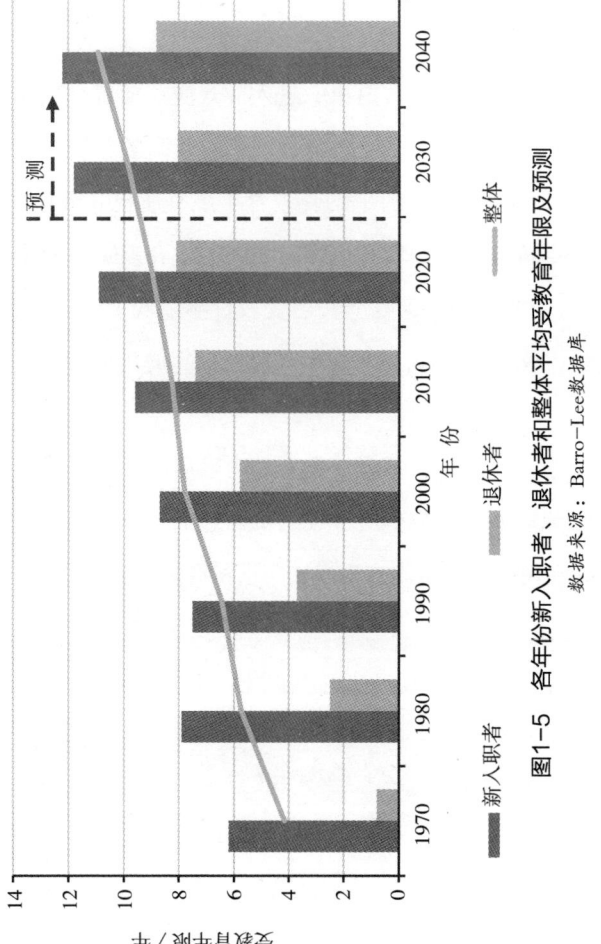

图1-5　各年份新入职者、退休者和整体平均受教育年限及预测

数据来源：Barro-Lee数据库

人力资本是推动创新发展的关键

我国已成为人均国民收入中等偏上的国家，工人的工资水平已高于低收入国家。这意味着在全球生产链上，我国不能再依靠低廉的劳动力成本来战胜竞争者，而应转而向全球价值链的上游移动，以便在未来依旧维持相当的增长率。笔者相信，人力资本的改善将为我国产业升级和创新创造有利的条件。

近年来，随着高等教育毛入学率和完成率的提高，我国每年产生数以百万计的高校毕业生。根据教育部的新入学人数估算，2021—2025年，每年将有800万～900万名高校毕业生，而其中超过40%是专攻STEM［即科学（Science）、技术（Technology）、工程（Engineering）和数学（Mathematics）］学科的高才生。如图1-6所示，根据世界经济论坛（WEF）的数据，早在2016年，我国就已经有470万名攻读STEM学科的高校毕业生，这一数字远超印度（260万）、美国（50万）和日本（20万）。

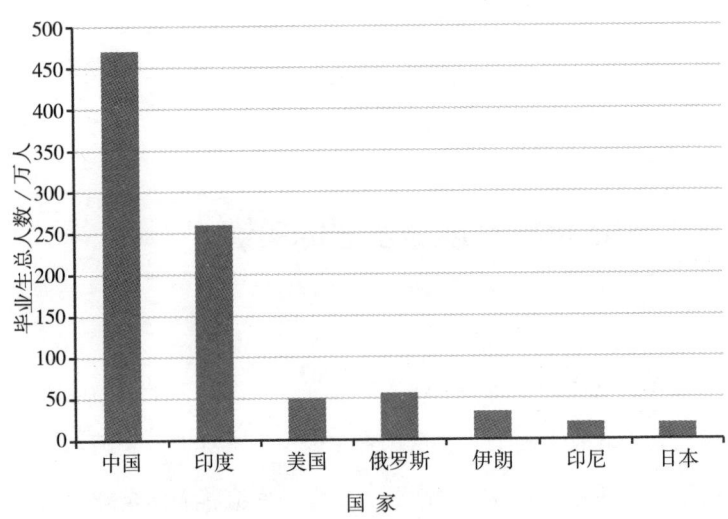

图1-6　2016年各国STEM学科毕业生总数对比

数据来源：世界经济论坛（2016）

随着海外留学生的回国（2018年有52万人回国），专攻STEM学科的人才池也在继续扩大。展望未来，中国培养的STEM毕业生人数还会增加。如图1-7所示，据经济合作与发展组织（OECD）预测，2030年，我国的STEM毕业生将占全球总数的37%，超过美国、欧盟、日本和韩国的总和，这将为我国未来几年产业升级和创新，创造独特的人力资本优势。实际上，越来越多的中国企业已经开始利用这一优势，将其转化为自身

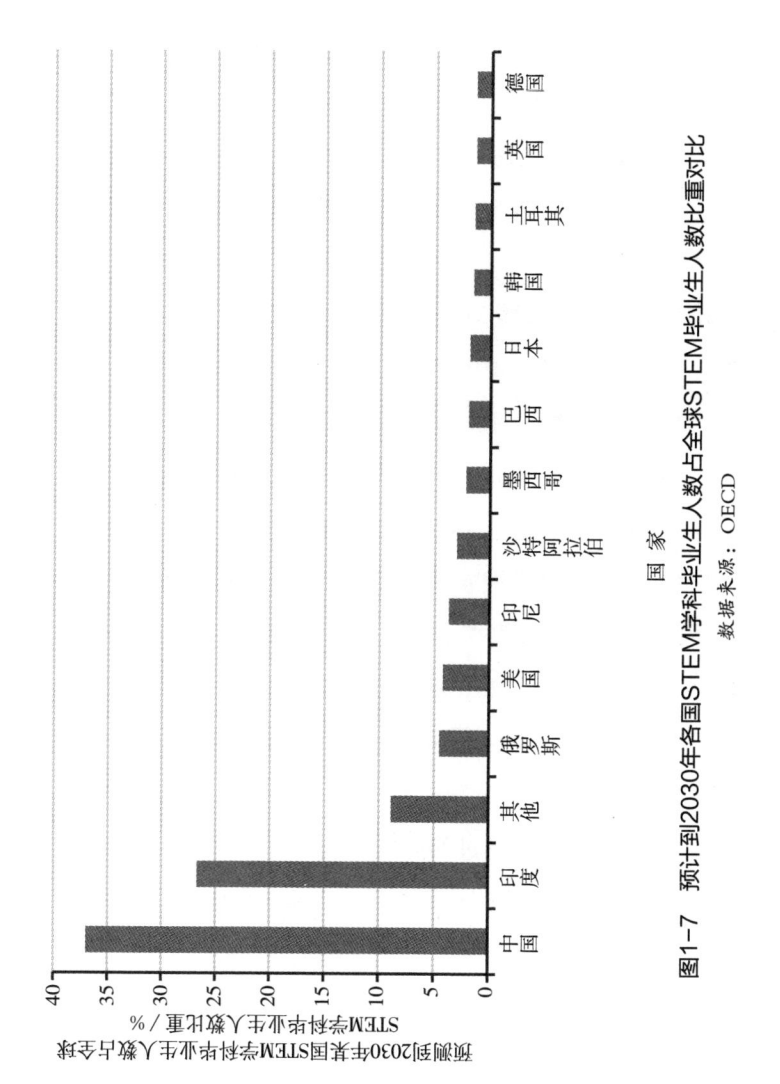

图1-7 预计到2030年各国STEM学科毕业人数占全球STEM毕业生人数比重对比

数据来源：OECD

的创新能力。以华为为例，根据其年度报告发布会公布的数据，2019年华为招收了近8000名"双一流"大学的毕业生，华为从事研究与开发的员工数10万多名，约占公司总人数的一半以上。这使得华为在创新发展的道路上越走越远。根据世界知识产权组织（WIPO）公布的数据，2020年，华为已连续4年在专利申请数量上位居全球第一。

我国私人和公共的研发支出也迅速增长。根据OECD的数据，2000—2017年，我国研发支出总额增长了11倍，远高于美国。2020年，中国R&D经费支出占GDP的比例达到2.4%（国家统计局数据），已经达到OECD国家平均水平。实际上，在更全面的标准下衡量，我国或已进入了创新的加速车道。根据WIPO的数据，在128个国家中，我国在全球创新指数中的排名从2017年的第22位提高到了2018年的第17位和2019年的第14位，是全球排名最高的中等收入经济体。事实上，我国在电信设备、消费电子产品和互联网服务等多个高科技领域的表现已经超过了其他新兴市场，甚至超过了一些发达国家。

中国近几年专利产量增长迅速。根据WIPO的数据，2020年，我国通过《专利合作条约》（PCT）申请了68720件专利，稳居世界第一；美国、日本、韩国紧随其后。排名前10名的企业中，中国企业占据3席，分别是华为（连续4年位列第一）、京东方和OPPO。

虽然拥有规模庞大的STEM毕业生，但我国与美国等发达经济体相比，工程师的平均工资却相对较低，这是我国经济发展的一个比较优势。例如，根据科技招聘网（100offer.com）的数据，我国在人工智能（AI）领域工作的顶尖毕业生的年薪在30万元（约合41666美元）到60万元（约合83333美元）之间；而根据求职网（Indeed.com）的数据，美国旧金山的人工智能研究员的平均年薪达到了112659美元。我们有理由相信，以相对较低的成本提供充足且素质较高的劳动力，已成为我国的另一个比较优势，这也是推动创新、驱动发展的关键。

第 2 章

中国经济的创新引擎

尽管我国的经济发展还处于追赶阶段,但在创新方面,我国已经开始"重拳出击"。我国创新的力量来自规模经济、多层次金融体系和供应商生态系统、良好的基础设施,以及相关政策扶持。

今日的创新之路将铸就明日生产率提升之辉煌,从而使得我国在未来数年维持较高的经济增长率。

创新发展"重拳出击"

全球金融危机仅过去十数年，我国经济已经发生了翻天覆地的变化。众多企业尤其是民营企业，正以迅雷不及掩耳之势攻入更加高端的行业。诚然，作为一个中等偏上收入经济体（人均国内生产总值超1万美元），从发展的意义来看，中国仍处于学习阶段，许多企业在各自行业也仍处于"追赶阶段"。但不可否认的是，我国企业一直在推动着创新，未来无论是制造业向价值链上游攀升，还是诞生经济新增长动力，我国都将依靠企业创新继续发展。

事实上，中国的创新发展是迅速的，创新的活力是非凡的，但创新对经济的重要性却被大大低估。部分原因来自我国仍以"世界工厂"形象闻名这一事实。与此相对应的，中国创新则属于新现象。例如，有怀疑者指出，中国与世界级创新

（如OLED数字显示技术、机器学习或DNA测序等科学突破）无关，其诞生于美国或日本等世界创新核心区。然而，在笔者看来，创新的定义并不局限于此，它是学习和改进相关基础技术或商业模式的累积过程。换言之，创新的过程比产出更为重要，而这些则取决于制度、人力资本和市场发展等多重因素。笔者认为，用这一定义看待所谓"创新"，将更全面，更具经济指导意义，也更富趣味性。从这一定义衡量，中国已经是一个比世人的普遍看法更具创新性的经济体，并且有很大潜力在未来几年内成为一个创新驱动型经济体。

根据WIPO 2019年的数据，我国全球创新指数排名在第14位。该指数采用与创新过程相关的各种指标编制而成。

表2-1列出了测算创新指数的7个主要因子，以及各项因子对应的中国、中等偏上收入经济体平均分和高收入经济体平均分的比较。作为一个中等偏上收入经济体，中国的表现明显优于同收入阶层均值，甚至与高收入经济体得分接近。从这一指标来看，我国实际上已经是在创新方面全球排名最高的中等收入经济体。事实上，从快速发展的互联网公司到全球知名的智能手机和家用电器制造商，中国正不遗余力地进行着创新探索。例如智能手机制造商小米，2019年收入达到2058亿元，是以客户为中心的创新典范。它有超过100万的粉丝在网上投票，这些投票对每周更新软件的决定起重要作用。无人机制造

商大疆创新（DJI），全球市场占有率高达70%，是无人机技术的领导者，其技术包括智能飞行控制、机械框架、视频稳定和高分辨率飞行摄像机。华为2019年在研发方面的支出达到1317亿元（约合185亿美元），相当于其收入的15.3%，在全球排名第三。

表2-1 中国与其他中等偏上收入经济体、高收入经济体的创新指标得分比较

创新指标（0～100分，分数越高代表该指标水平越高）	中国	其他中等偏上收入经济体（平均水平）	前十名高收入经济体（平均水平）
机构水平	64.1	61.3	89.1
人力与研究水平	47.6	29.0	59.9
基础设施	58.7	44.2	63.4
市场成熟度	58.6	47.5	66.9
企业成熟度	55.4	29.8	65.6
知识与科技产出	57.2	19.9	57.2
创新产出	48.3	25.7	49.0

数据来源：WIPO（2019）

激发创新的动力何在

在全球创新的崛起中，我国因发展速度快且规模巨大而不容忽视。从经济意义上讲，在一个本质上仍然是"追赶型"的中等收入国家身上，能够见到这样日新月异的发展状态，着实值得举世瞩目。本节中，笔者将探讨推动我国创新的主要因素、成功案例和改进空间，并提出一些政策建议和对前景的展望。

规模经济

作为世界上人口最多的国家和第二大经济体，中国展现出了超大规模经济的竞争优势，城市化进程让规模经济优势发挥得淋漓尽致。在城市经济中，制造业和服务业的兴起与农村过剩劳动力之间的差距，推动了我国几十年的城市化进程，带动劳动力向城市转移，助力大城市崛起。如今，我国有3个城市的人口超过2000万（与罗马尼亚人口相当），10个城市的人口在1000万（与瑞典人口相当）到2000万之间，74个城市的人口在500万到1000万之间，173个城市的人口在100万到500万之间（见图2-1）。

大城市有数以百万计的城市消费者，这意味着公司一旦创新成功，就可迅速获得丰厚的回报。不仅如此，我国还拥有全球最多的互联网用户基础。根据互联网世界统计（IWS）的数据，截至2020年第一季度，中国、印度、美国互联网用户数量分别排名全球前三（见图2-2）。根据中国互联网络信息中心（CNNIC）的数据，截至2020年12月，中国互联网用户数达到9.89亿，其中手机网民规模达到9.86亿（超过99%）。

最能体现这种竞争优势的要数BAT，即百度、阿里巴巴、腾讯3家互联网巨头的崛起。十几年前，这3家互联网公司还只是面向小众市场的小型公司。根据麦肯锡2017年8月发布的报告《中国数字经济：全球领先力量》，阿里巴巴旗下的购物平台淘宝网用了8年时间才获得1亿用户，支付平台支付宝用了5年时间，而直播平台只用了6个月；腾讯的即时通信软件QQ用了12年时间才获得1亿用户，而多功能社交媒体平台微信只用了18个月，支付平台财付通只用了不到1年，微信红包则仅仅花了几

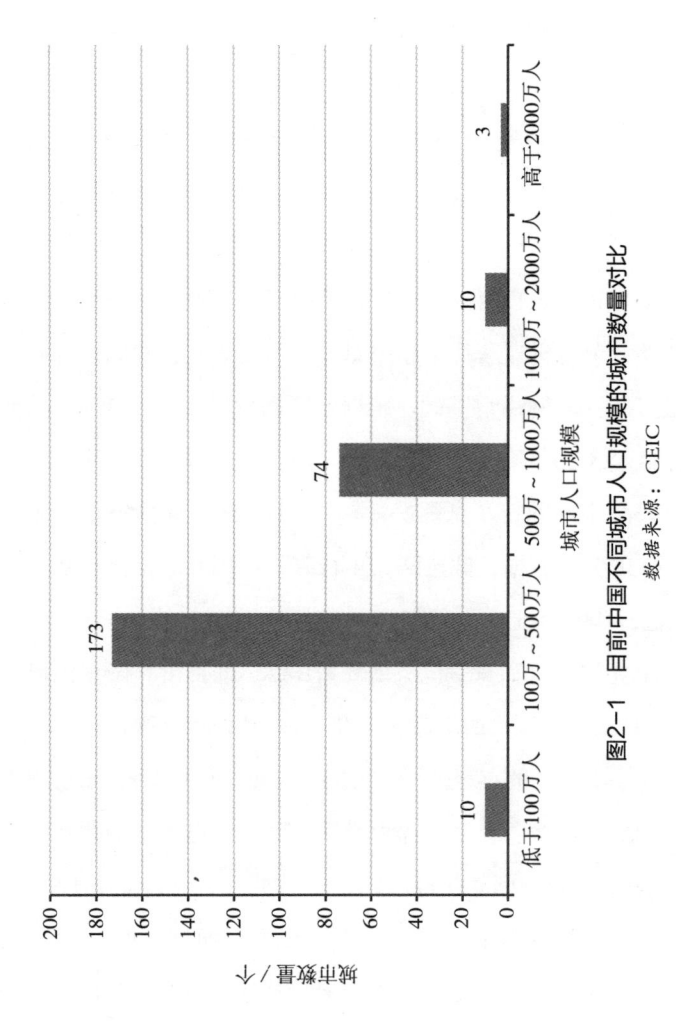

图2-1 目前中国不同城市人口规模的城市数量对比

数据来源：CEIC

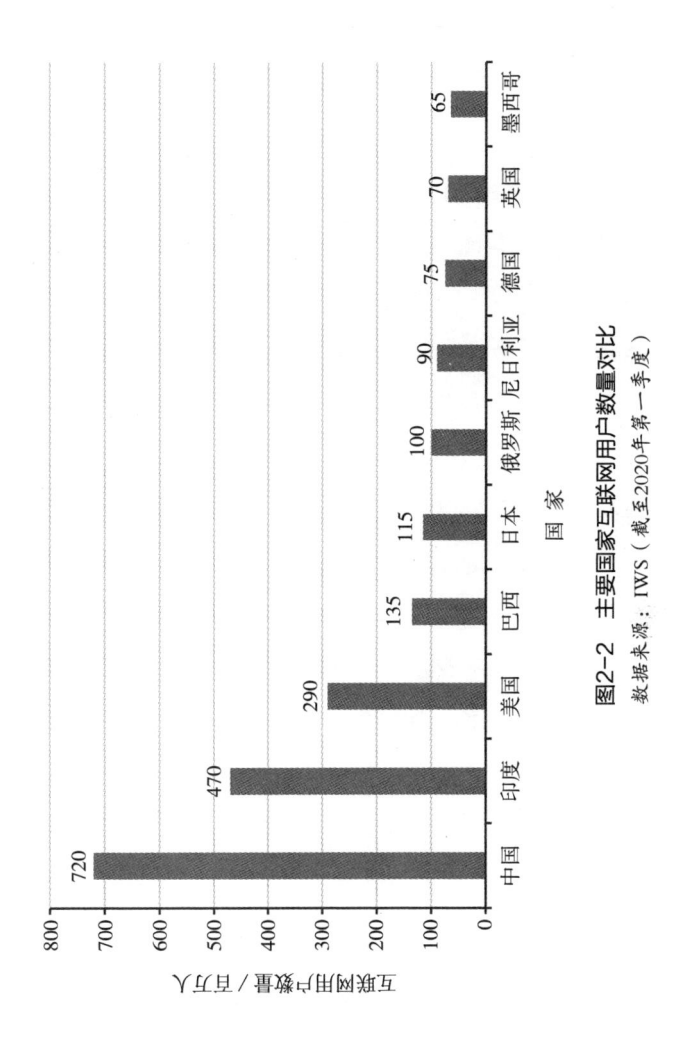

第2章 中国经济的创新引擎

图2-2 主要国家互联网用户数量对比

数据来源：IWS（截至2020年第一季度）

国家	互联网用户数量/百万人
中国	720
印度	470
美国	290
巴西	135
日本	115
俄罗斯	100
尼日利亚	90
德国	75
英国	70
墨西哥	65

天时间。随着越来越多的公司利用中国市场这一独特的竞争优势走向商业化道路的步伐日益加快,大量互联网公司也随之受益。这里笔者以阿里巴巴和腾讯为例进行分析。

阿里巴巴的新零售战略

阿里巴巴集团是一家中国电子商务公司,也是世界上最大的零售商之一。其运营的门户网站不仅拥有数百万商户、企业和消费者,还拥有许多其他相关业务。阿里巴巴旗下最大的三家电子商务网站是淘宝（C2C）、天猫（B2C）和阿里巴巴（B2B）。该公司通过网络,在200多个国家和地区开展业务,包括东南亚的来赞达（Lazada）、大中华区的天猫国际以及国际上的全球速卖通（AliExpress）。根据阿里巴巴的财报,截至2020年12月31日的12个月间,中国零售市场年度活跃消费者达到7.79亿,其中2020年12月的月度活跃用户数达到9.02亿。

阿里巴巴的新零售战略涉及线上、线下、物流和数据在单一价值链上的整合。

例如,阿里巴巴于2017年推出新零售产品盒马鲜生,在我国部分城市进行了战略部署。只要连接互联网,拥有淘宝或支付宝账户,即可访问盒马的移动应用程序，购买新鲜食品、快速消费品（FMCG）和新鲜食材。盒马的目标是在每个盒马商店的特定半径范围内，30分钟内为顾客提供新鲜熟食或农产品。又比如2017年5月，阿里巴巴完成了对银泰商业（集团）有限公司的控股权收购。银泰商业（集团）有限公司是中国一家大型百货公司和商场运营商，拥有49家百货公司和购物中心。

阿里巴巴的新零售并不单纯是将购物从线下挪到线上，而是阿里平台对多年来收集的消费者数据、线上和线下整合、分析预测消费者行为能力三者的有效结合。可在短时间内随时调整的灵活供应链的创建，满足了不断变化的消费者的需求，极大提高了效率和灵活性，从而为众多客户创造巨大价值。

腾讯革新手机游戏

由中国媒体和娱乐巨头腾讯打造的游戏《王者荣耀》，是中国最受欢迎的手机游戏之一。这是一款充满中国历史元素的移动、多人、角色扮演游戏，兼容安卓和iOS平台。2020年，《王者荣耀》平均日活跃用户数突破1亿。根据数据统计机构SuperData于2021年发布的全球游戏年度收入榜单，《王者荣耀》稳居第一,年收入达到24.5亿美元。有近1/4的中国人曾下载过这款游戏,玩家的年龄跨度从小学生到40岁以上的成年人。这款游戏太受追捧,以至于腾讯不得不出台相关措施以限制18岁以下玩家的游戏时间,以回应媒体在此方面的批评。

在《王者荣耀》中,一场"战斗"通常不超过20分钟,且控制相对简单、易理解。王者荣耀还有"自动战斗"系统,即使在互联网连接出问题时,也能防止玩家断开连接,从而提高了针对不同条件和能力的玩家的灵活性。许多成人玩家认为,在微信上与朋友们通过游戏开展对决或并肩作战,可以改善人际关系,重新联系久违的朋友和远方的朋友。此外,随机加入并与陌生人建立联系的功能也吸引了一些玩家,让其有机会与兴趣相投的陌生人建立联系。随着这款游戏风靡全国,一系列线上、线下游戏比赛应运而生,成千上万的观众通过现场观看或线上直播方式,观看"大神"玩家神级操作的史诗对决。

融资生态系统与供应商网络

我国的创新取得进展的另一个原因是其特有的生态系统。

与规模经济一样,这在一定程度上也与我国市场规模庞大有关,但它推动创新的方式有所不同。这一生态系统主要包含两个方面:融资和供应商。

我国的融资生态系统源于BAT的股本投资,它们是创业企业的活跃投资者。BAT的资本和前任员工是许多成功创业企业的重要助力,并且这个非正式的圈子已发展为一个高度活跃的风险投资行业,在这里聚集了各种拥有专业知识和兴趣的投资者。在全球金融危机爆发后的数年间,风险投资行业发展迅猛,特别是天使投资和早期投资以更快的速度实现了增长。根据投中研究院的数据,2018年VC/PE(风险投资和私募股权)投资规模达到2465亿美元,2019年略下降至1832亿美元。

规模不断增长的风险投资行业是中国多元化金融体系的一大特色。传统的银行体系主要是为国有企业融资,而更具活力和生产率更高的私营部门则以其他各种方式获得融资。一些企业从信托公司等高利润贷款人那里借款,但越来越多的人则从上一代成功的私营企业手中获得股权融资。诚然,监管者在过去数年始终追赶着它们的步伐试图控制风险——这是一项不小的挑战,但这也在一定程度上使得出现小幅政策收紧时,该体系具有较强的适应性。从这个角度看,金融自由化的快速发展和复杂多样的金融体系的兴起,既有好处也有缺点。在未来的几年里,金融创新和风险资本的杠杆作用仍将存在,且融资将越来越多地扩展到其他行业。时至今日，从电子商务到硬件，再到卫生部门，风险资本的身影已随处可见。根据投中研究院的数据，2020年，"新基建"、医疗、IT信息化、互联网、新能源汽车等成为最热的投资赛道。以医疗健康领域为例，2020年1~11月中国VC/PE投资该领域规模达到241.2亿美元，较2019年全年增长60%。同期，新能源车领域获投超81亿美元，其中，小鹏汽车、威马汽车、理想、蔚来等企业最受青睐。

生态系统效应的另一个方面——供应商系统，也至关重要。根据2018年全国经济普查的数据，我国制造行业拥有327万家公司，从业人员总数超1亿，雇用了900万工人，仅通信设备行业从业人员就超1000万人。电气设备、通信、计算机和运输设备的零部件供应商数量之多，有助于形成一个完整且具有竞争力的供应商网络。事实上，美国和日本虽本身都是大型制造业经济体，但与中国制造业网络的庞大规模相比，则相形见绌。中国制造业企业数量远远高于美国和日本的总和。如图2-3所示，尽管中国的年薪增长速度更快（现在或已超过其他几个新兴市场国家），但仍然比大多数成熟的制造业经济体低廉。我国能有巨大而持久的劳动力优势，得益于城市化进程不断地从农村地区吸收剩余劳动力。这些"农民工"构成了一支庞大、灵活、流动性强的劳动力队伍，他们对工作具有一定的黏性，易于培训，甚至可以与自动化制造进行灵活配合。

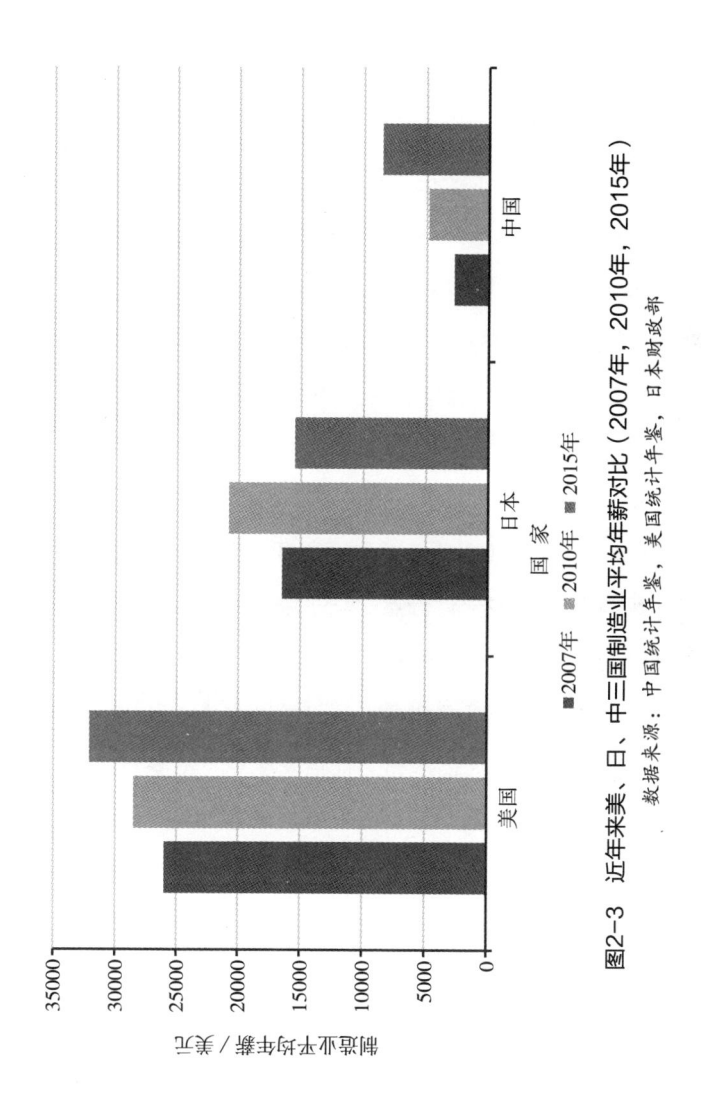

图2-3 近年来美、日、中三国制造业平均年薪对比（2007年，2010年，2015年）

数据来源：中国统计年鉴，美国统计年鉴，日本财政部

教育和基础设施

人力资本和基础设施资本也是重要的助力。在过去的几十年里，我国的教育水平稳步提高，这部分归功于国家提高中学入学率的政策。Barro-Lee数据库显示，中国的高等教育入学率于2006—2015年已经翻了一番。根据全国人口普查的数据，2020年我国15岁及以上人口的平均受教育年限达到9.91年，比2010年提高0.83年，其中16～59岁劳动年龄人口平均受教育年限达到了10.75年，比2010年提高了1.08年。劳动年龄人口中，高中及以上受教育程度的人口占比为43.79%，比2010年提高了12.8个百分点；大专及以上受教育程度人口占比达到23.61%，比2010年提高了11.27个百分点。竞争激烈的教育体系和对教育的大量投资，推动了我国教育质量显著提高。预计2022年，我国高校毕业生人数将再创新高，超过1000万人，其中大约40%的毕业生集中在科学、技术和工程相关学科（更多教育和人才的论证请参考第1章内容）。此外，根据全球高等教育研究机构QS（Quacquarelli Symonds）发布的2022年世界大学预测排名，我国高校再次取得了历史最佳成绩，清华、北大双双闯入世界前20，分列第17、18名，全国共有10所大学上榜前250名。

政府和民营企业不断增加的研发支出，证明了劳动力素质提高的重要性不容小觑。根据WIPO的数据，我国在研发支出方面排名前三的企业，总研发支出达到43亿美元，这使我国在企业驱动型研发支出国中位列第6。研发巨头，例如电信企业华为，进行了大手笔的招揽人才和研究创新工作。2019年，华为斥资1317亿元投入研发，其也是专利创造数量的佼佼者。

社交网络：充满活力的微信生态系统

微信诞生于2011年1月21日。在今天的中国，手机上没有安装微信的人屈指可数。作为一个"无所不能的应用程序"，微信涵盖的功能远远超出了最初的信息交流，现在已经扩展至移动支付、朋友圈、服务、购物、小程序、新闻推送等。例如在购物时，人们可以通过扫描任何国内产品的条形码来比较价格，"钱包"功能支持在商店和网上进行即时支付，能够支付水电费、电话费，以及在微信账户之间转移资金，类似Facebook的支付功能、ApplePay[①]和流行的移动支付服务Venmo[②]。你还可以使用微信账户订购食物、预订餐厅、叫出租车，并与品牌和公司的官方账户，甚

[①] ApplePay：苹果公司在2014苹果秋季新品发布会上发布的一项基于NFC的手机支付功能，于2014年10月20日在美国正式上线。

[②] Venmo：一款小额支付款项的软件，让使用者可以更轻松地处理朋友间的金钱问题（如分账、出游支出等）。

至与所谓的"网红"进行互动,是Yelp[①]、Twitter(推特)、Uber(优步)和Instagram[②]的结合。微信甚至还内置活动跟踪器——微信运动,类似苹果公司的内部健康应用程序和Nike+RunClub等热门应用程序。

根据微信创始人张小龙的披露,2020年微信月活跃用户已突破12亿,每天有10.9亿人打开微信,7.8亿人进入朋友圈,3.3亿人进行视频通话。

"超级应用"的兴起

"超级应用"是一种执行多种功能的应用程序,充当一个小型的"移动操作系统"。我国的消费者是世界上第一批能够使用并接受"万事通"应用程序概念的消费者之一。因其方便易用,企业利用这些附加功能来增加用户的平均花费时间和客户黏性。其中最著名、最早的诞生者之一,是腾讯的微信,但这一特点并非微信独有。"超级应用"功能是我国许多移动应用程序的一个共同特点。我国最大的在线旅行社携程(ctrip)也有一个移动"超级应用",提供与旅行

---

① Yelp:美国最大点评网站,创立于2004年,囊括各地餐馆、购物中心、酒店、旅游等领域的商户。用户可以在Yelp网站中给商户打分、提交评论、交流购物体验等。
② Instagram:照片墙,Facebook公司旗下一款在移动端上运行的社交应用,以一种快速、美妙和有趣的方式将用户随时抓拍下的图片彼此分享。

相关的多种服务，包括预订住宿、交通、保险、旅游套餐、当地活动和旅游景点的代金券和优惠券。我国一些规模很大、备受欢迎的"超级应用"由私营企业拥有，每一款的估值高达数十亿美元，令人咋舌。例如滴滴出行——一款中国按需叫车的应用程序，成功地将优步挤出中国。滴滴的应用程序可用来叫出租车或私家车，且有各种相关功能，比如顺风车（社交共享）、雇佣司机、试驾汽车、租赁旅游巴士、为企业提供交通服务，甚至还包括共享单车。再如美团点评——一家面向本地消费品和服务的团购网站，同时提供食品配送和消费者评论收集，是Groupon[①]、Yelp和当地食品配送公司的结合体。根据新闻报道，该公司拥有世界上最大的按需交付平台，每月活跃用户达1.6亿人（2021年3月数据），其外卖平台（美团外卖）日订单量突破4000万（2020年8月数据）。用户时间和用户活跃度仍然是中国应用程序开发人员的重点，企业尝试各种方法实现此目标，例如升级现有功能、持续开发新功能。幸运的是，我国的消费者适应能力强，且热衷于尝试新事物。

---

① Groupon：高朋，美国团购网站，成立于2008年11月，以网友团购为经营卖点。

除了软技能，提高连通性也有助于创新，因其可使公司更接近客户和供应商，并降低一部分成本（如运输、物流等）。图2-4展示了我国和亚洲发展中国家基础设施状况与美国的比较。每一个指标都衡量一种特定的基础设施能力，笔者以美国为标准重新进行了调整，以便于国别比较。例如，以铁路密度的衡量为例，2015年我国每1000平方千米的土地有0.70千米的铁路，而美国有2.5千米，若以美国为1，则中国的相对值为0.28。在过去20年里，我国在基础设施建设方面取得了很大进展，例如在航空旅行（定义为每100人载客量）和能源（定义为人均千瓦时）方面，已经超过了"新兴亚洲"的平均水平，但仍然任重道远，尤其是在创新所需的数字基础设施方面。例如，在固定电话和固定宽带用户方面，我国仍然相对落后（第5章中将有更详细的阐述）。虽然有人认为，我国消费者和企业已经跃升到移动数字时代，但数字基础设施的建设仍然是必要的，这可以帮助普通企业提高效率，并刺激更广泛的创新。

政策扶持

最后一个因素来自政策扶持。有些观点认为，创新需要政府采取"不干预"的方式，但学术界对创新的讨论愈发强调国家政策支持的必要性。相关文献的研究结果显示，美国政府对

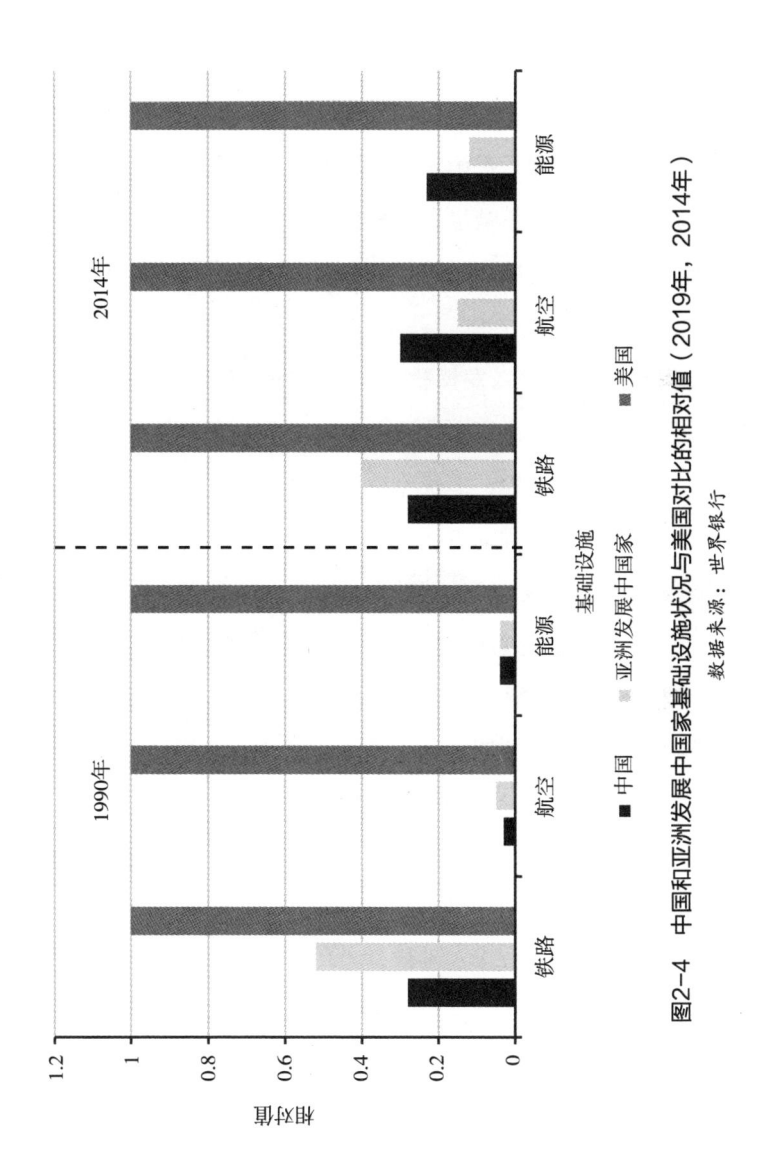

图2-4 中国和亚洲发展中国家基础设施状况与美国对比的相对值（2019年，2014年）

数据来源：世界银行

许多行业的早期投资都推动了创新，而且政府支持力度在过去几十年中大幅增加；此外，政策扶持对新兴市场创新发展的影响很大。尽管发展后进国家曾经用来实现高收入地位的许多关键政策，现在已经不被世界贸易组织所允许，但是政府仍然具有推出积极政策的空间，特别是在支持培训、研发和能力建设方面。

当然，政府可以发挥积极作用，并不意味着国家的力量可以代替民营企业。事实上，由于民营企业对不断变化的市场动态具备高度敏感性，能快速识别新机遇，它们仍然是创新驱动型增长的最重要推动者。但是，二者并不冲突。政府通过产业政策的因势利导，可以帮助企业发展，这在当今这个竞争激烈、发展速度史无前例的经济全球化环境下尤为重要。近年来，许多学术研究认为，全球化使发展中国家更难摆脱中等收入陷阱，这就意味着明智的、具备高度战略意义的政策设计，比以往任何时候都更加重要。

过去十几年里，我国政府通过大力投资教育、改善人力资本和物质性基础设施，不遗余力地支持创新发展。这些投资通过追赶式增长，提高了生产率。近几年，政策重点则放在了通过减少对人才自由的约束以鼓励创新。"十四五"规划中，科技自立自强成为政策重点，规划也提出了促进科技发展的具体措施，具体包括以下几个方面。

第一，鼓励基础研究的发展。"十四五"规划的目标是基础研究经费支出占研发经费支出的比重达到8%以上（2020年为6.2%）。假设总体研发支出每年增长7%（"十四五"规划设定的下限），基础研究支出每年需要增长12.8%，这是一个非常重要的改变。当然，即使基础研究经费支出占研发经费支出的比重达到了8%的目标水平，中国在基础研究方面的投入强度仍落后于发达经济体2019年15%的水平。

第二，通过建立国家实验室、设立基金提供补贴、增加政府采购计划以激励创新产品，提供更多基础设施，以促进协作等方式，加大政府对研发的支持。

第三，通过创新税收优惠激励民营企业研发技术发展，例如2021年对制造型企业研发活动的税收加计扣除比例由75%上升至100%。

第四，鼓励更多的创新融资渠道，如天使基金、创投基金等，引导投资更高效；简化科技企业IPO流程，完善科技股权融资市场（如科创板等）。

第五，继续加强对外开放，通过在更多领域取消投资限制，促进更多国际合作；通过加强知识产权保护，提供更有利的商业环境。

第六，通过加强STEM领域的培训，完善创业生态系统，鼓励更多外国人才留在中国工作。

"十四五"规划重点关注的领域包括人工智能、量子计算、半导体、神经科学、生物技术、医学、地球和太空探索、网络通信（5G及以上）和现代能源。现有产业的数字化应用也是一个重点，到2025年，数字经济的贡献将达到GDP的10%。在数字化领域，重点发展云计算、大数据、物联网（IoT）、工业互联网/智能制造、区块链、人工智能和虚拟现实。

创新的上升空间巨大

多年来，我国一直对研发高度重视，其已成为经济增长的一个不可或缺的组成部分。虽然我国的研发强度仍远低于固定资产投资强度，但研发支出增长仍在加速。近年来，固定资产投资同比增长仅保持了6%左右的个位数增速，但研发支出继续取得两位数增长：2010—2019年间平均同比增长14.4%。实际上，我国的研发强度在新兴市场经济体中已经是最高水平，2020年已经基本达到OECD2.4%的平均水平。研发支出的收益更具前瞻性，因为未来技术收益增加带来的巨大收益，是远远高于今天的投入成本的。此外，一旦创新取得成果，维持它的额外成本相对较低。因此，与实物资本等其他形式的投资相比，同样数额的投入，研发支出的长期回报是很高的。

目前，中国已经是全球第二大研发支出国，仅次于美国。

中国在全球研发支出中所占的份额已从2001年的不到5%上升到2017年的约23%。考虑到全球环境的不确定性和对自给自足的强调，笔者预计中国的研发强度将会加大，速度将会加快。

我国对研发投资长期以来的重视已经初见成效。2019年，我国首次超越美国成为《专利合作条约》专利申请最多的国家。然而，以授权专利与申请专利的比例作为一个简单的专利质量的代理指标来看，我国仍然落后于其他发达经济体。这说明，我国在创新质量上仍具有改进空间。除了专利开发，我国在科学工程领域的文章在全球范围内所占的比例也有所上升，从2007年13%左右上升至2017年的19%左右。但具体看细分领域，我国在医药、生物学等领域仍相对落后。根据学术检索数据库Scopus的数据，中国2019年发表的科学论文数量首次超过美国，但是质量仍有改进的空间，从每篇论文的平均被引次数来看，中国与其他发达国家仍有相当大的差距。

作为一个新兴经济体，我国在创新能力方面的表现已然不俗。近几十年来，中国不断加大在教育和基础设施领域的投资，这有助于为创新能力提升建立稳固的结构性根基。同时，中国通过加强与国际市场的联结，提高了在实践中学习的能力。因此，中国在技术阶梯上得以迅速攀升。中国在全球创新指数（Global Innovation Index）的排名从2015年的第29位，提升至2020年的第14位，是全球前20强中唯一的新兴市场经济体。

在民营企业创新应用方面,我国制造业中创新企业所占比重达到47%,这一比重与其他发达经济体基本持平。但在服务业领域,创新型企业所占比例则在30%以下,低于其他发达经济体,这为中国提高服务业企业中的创新份额提供了巨大空间。而且,随着创新越来越多地转向在线和基于应用的行业,服务领域的创新很可能在未来发挥更大的作用。

整体而言,我国仍处于发展和追赶阶段,客观上,我国与世界领先的创新者尚有差距。我国表现优异的创新类型是面向消费者的制造业和相关电子行业,而在工程密集型行业仍存在重大缺口,其中许多行业仍由外国公司主导。我国在科学密集型创新方面的得分也相对较低,如医药制造领域。表2-2根据WIPO列出的创新因素,分别展示了我国的优势和劣势。

表2-2 中国在创新方面的优势和劣势

优 势	劣 势
市场复杂度:贸易和市场竞争水平,市场规模	创新联动:校企合作,专利家族
基建设施:基础基建根基稳固	教育研究:高等教育,研究人员密度
无形资产:原创设计和专利	高科技基建:通信和信息工程基建设施
高素质人才:企业在科研的投入和相关培训	知识扩散:信息科技相关服务,知识产权保护和交易
	机制与制度:破产处置,税费缴纳,制度平等

资料来源:WIPO

根据WIPO的指标，我国在知识扩散方面的得分相对较低。知识扩散是以信息通信技术相关服务和知识产权收入占总贸易的百分比等指标来衡量的，从广义上看，这表明我国的知识密集型创新还相对落后。有迹象表明，与服务贸易相比，我国跨境货物贸易附加值含量更高。但鉴于知识产权和专利都是服务业，而高附加值服务贸易往来仍然相对较少，这意味着尚有改进空间。为了深化知识基础，我国需要进一步提高高等教育的普及度和质量，深化研究机构和企业之间的合作。对高等教育机构基础研究的投资，将有助于以更广泛的方式进行基于科学和知识的创新。

此外，相对基础研究，我国一直将更多的研发支出集中在实验研究上，实验研究的投入份额也随着时间的推移而增长。在过去20年里，这一比例已经从2000年的78%增加到2019年的83%。实验研究有助于将创新成果引入市场，但基础研究也至关重要。2019年，基础研究支出仅占研发经费总额的6%，而部分发达经济体基础研究支出占研发经费总额的比例则超过15%。我国还需要继续强调提高基础研究的占比。

第2章 中国经济的创新引擎

创新驱动增长

中国的快速发展和巨大潜力使其推动的创新不仅影响着自身的发展，也影响着未来全球经济格局。考虑到人均GDP刚超过1万美元，我国在未来几年仍将是一个发展中国家，需要努力"追赶"，向价值链上游转移，攀登技术阶梯。鉴于我们目前处在中上收入水平，中国未来的增长潜力将更加依赖创新能力。

有一些质疑的声音认为，我国这个"世界工厂"想要下一步发展是否具备所需条件。毕竟，要素积累可以通过高储蓄率和合理的供给侧政策来实现，而创新的实现绝非易事。然而，与一些关于我国债台高筑、经济停滞的观点相反，笔者认为本章中提到的关于我国创新的发展情况，恰是中国经济充满活力的明证。在未来几年，更加依赖创新驱动的增长模式，在我国是可以实现的。

　　创新驱动增长不仅可以实现，而且是未来经济增长的重要力量。这是因为中国的创新能力（即使与全球领先企业相比仍有差距）表明，中国不仅收入增长，能力也在提高。相关研究报告指出，"能力趋同"（定义为制造增值型物品及相关创新的能力的追赶）远比"收入趋同"（定义为收入水平的追赶）重要得多。能力是由生产过程向具有更高技术含量、更高回报和需求弹性的活动转变所驱动的结构变化的结果，并着重技术学习。换言之，如果没有"能力趋同"，任何"收入趋同"都将是不可持续的，而且会增加陷入中等收入陷阱的风险。在经历了25年的中等收入经济体（类似日本和韩国等新兴工业化经济体，简称NIEs）阶段之后，中国将在未来5年内进入一个关键阶段。笔者认为，目前正在蓬勃发展的创新领域，将为中国成为一个更依赖创新驱动增长的经济体提供更好的保障。

第 3 章

重启制造业，
重燃生产率增长引擎

工业化是生产率增长的引擎，我国仍有必要和空间继续工业化。未来，我国将出台更多政策，助力制造业实现更高质量的发展。

第3章 重启制造业,重燃生产率增长引擎

工业化是生产率增长的引擎

与"十三五"规划中强调提高服务业比重相比,"十四五"规划则提出了保持经济中制造业比重稳定的目标。这意味着,未来制造业增长仍将是我国关注的焦点,通过推动制造业,有望实现更高质量的增长。

从农业社会转型至工业化社会,是经济转型和增长的典型路径,我国亦是如此。在农业与工业两部门经济的古典经济发展模式(也称为刘易斯模式)中,由于后者工资水平更高,劳动力从农业劳作转向机器操作,工业化使熟练劳动力迅速增加,推动发展中国家劳动生产率增长。劳动力的转移来自两个因素。首先,农业生产率的制约因素是土地而非劳动力,这使得农业劳动力的边际产出过低,农业存在过剩劳动力的问题。其次,工业部门面临劳动力相对短缺的问题,而劳动力相对短

缺导致工资上升，自然吸引劳动力转移。1978年，我国的工业部门约占总产出的50%，但只创造了不到20%的就业；相比之下，农业部门仅贡献30%的产出，但创造超过70%的就业，就业结构相对产出结构显著不平衡（见图3-1）。由于工业部门的劳动生产率远远超过农业部门，通过劳动力再分配提高劳动生产率，在推动经济增长方面发挥关键作用。自1978年改革开放以来，我国经历了快速城镇化阶段，更多农民进入工厂工作，这推动了工业部门的发展。到2020年年底，我国城镇化率已经超过60%，相比1978年改革开放初期不到20%的水平有了大幅提高。

随着更多劳动力转向工业，以及城市工人收入的提高，总储蓄水平上升，这为资本密集型产业增加投资提供了基础。更多的劳动力资源和资本资源的汇集，进一步促进了工业部门的升级。而随着收入提高、恩格尔系数降低，制成品消费得以增长，对相关工业产品的生产形成正向循环。另外，对外开放的扩大，进一步推动我国向产业链上游转移。笔者认为，工业部门历来是经济增长的主要动力来源。

然而近年来，服务业在经济活动中占据比重却越来越高。一方面，全球金融危机后全球需求减弱，这导致对我国制成品的需求下降，贸易额占GDP比重下降，再难超越金融危机前的水平（见图3-2）。另一方面，全球对我国制成品需求疲软也一

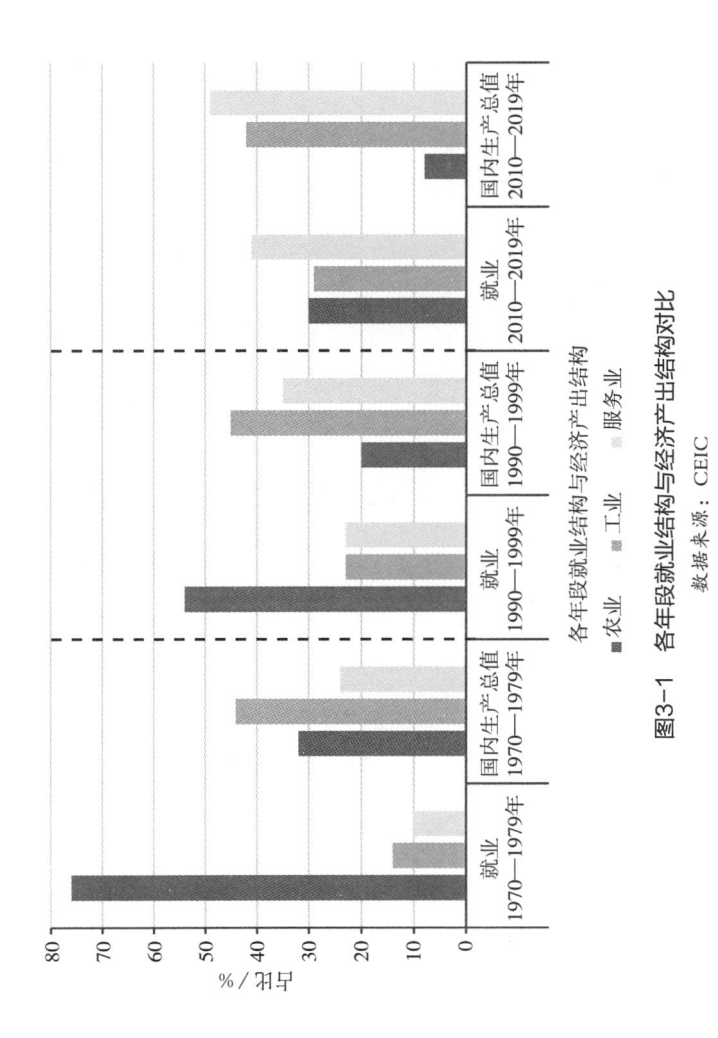

图3-1 各年段就业结构与经济产出结构对比

数据来源：CEIC

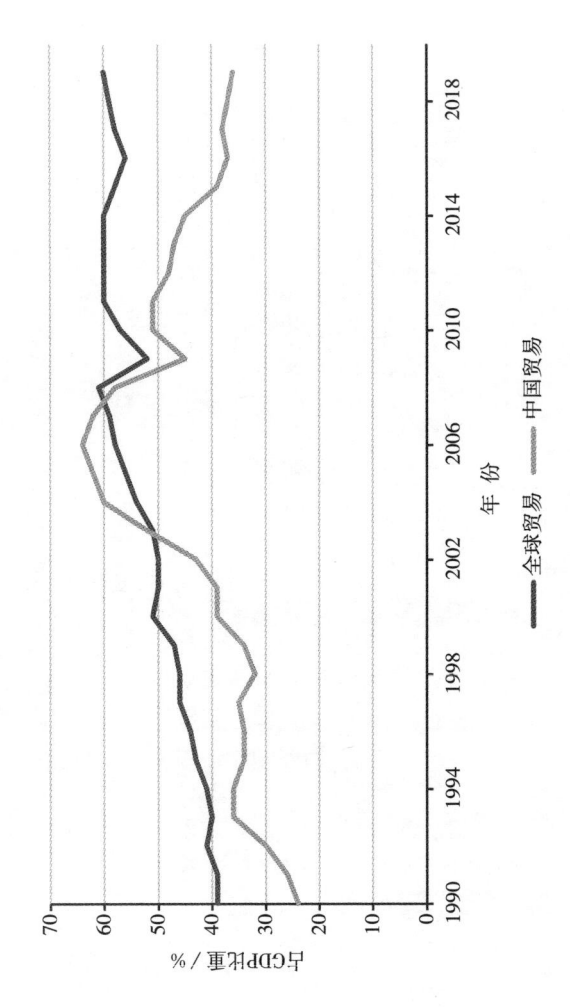

图3-2 中国贸易额与全球贸易额分别占GDP比重

数据来源：世界银行

定程度上带来了失业问题。为了缓冲失业，政府也努力促进服务业的扩张。

2010年，我国进入工业部门的劳动力约为760万，而在2015—2019年，平均每年有350万劳动力离开工业部门。与此同时，服务业年均新增就业人数则从2000—2010年的650万上升至2010—2019年的1150万。随着较低生产率的服务业（如零售和酒店）取代制造业成为创造就业岗位的最主要行业（见图3-3），2015—2019年，我国的劳动生产率平均同比增速已经从全球金融危机前5年（2003—2007年）期间的18.7%，放缓至仅6.1%。过早转向低附加值服务业，会使未开发增长潜力无法充分释放，这将对我国的长期增长构成挑战。

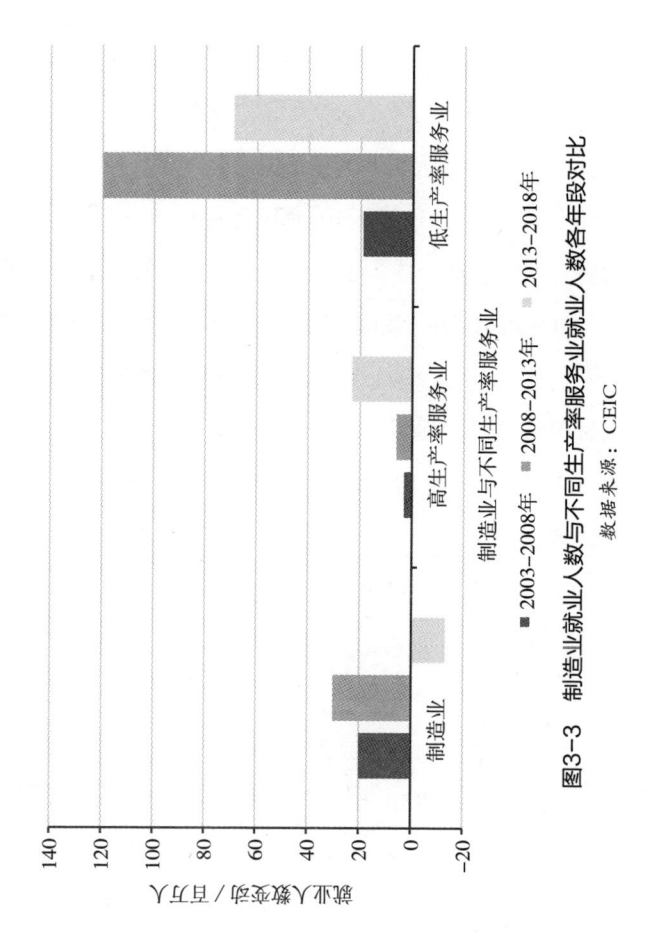

图3-3 制造业就业人数与不同生产率服务业就业人数各年段对比

数据来源：CEIC

我国继续工业化空间巨大

流行观点认为,在经历近40年的快速工业化之后,去工业化进程似乎是不可避免的。然而,仔细研究多国的历史经验后,笔者发现,大多数发达经济体都是在工业化程度和收入水平达到明显高于我国目前的水平之后,才开始去工业化的。

若以目前人均国内生产总值来衡量劳动生产率,如图3-4所示,我国的劳动生产率仅为美国目前水平的15.8%,韩国的32.3%;而大多数发达国家在达到美国水平的至少40%以上之后,才开始去工业化进程。例如日本、英国和新加坡,分别在达到美国水平的59%、48%和45%之后才开始去工业化。韩国开始去工业化时的工业化水平略低,仅为美国水平的22%,但仍显著高于我国目前水平。反观中国,制造业就业比重在2013年达到17.5%的峰值,但仍低于其他发达国家开始去工业化时的水

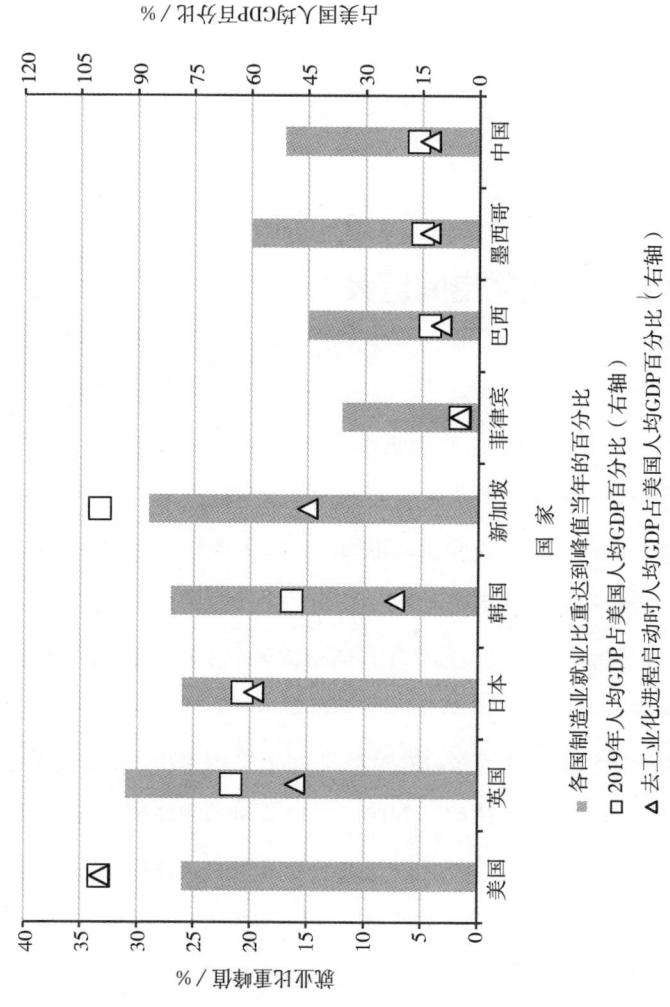

图3-4 2019年及各国开始去工业化年份、各国人均GDP占美国比重、各国制造业就业比重对比

数据来源：世界银行，CEIC

平；2019年年底，我国人均国内生产总值仅相当于美国的16%。笔者认为，我国去工业化为时尚早。同时，这也凸显出我国继续推进工业化的空间仍十分巨大。

农民工一直是推动制造业就业增长的关键因素。2020年年底，我国常住人口城镇化率已经达到60%以上，但与其他城镇化率超过80%的发达国家相比，仍存在很大差距。假设我国的城镇化率达到80%，在人口总体保持稳定的前提下，这将意味着额外有2.7亿人进入城市地区；进一步假设新增城市人口转化率为50%（基于历史转化率），我们预计这将转化为大约1.35亿新增城市工人。

但是，越来越多的农民工却从制造业转向了服务业。截至2019年，服务业已占到农民工就业的一半以上。诚然，向服务经济转型对维持许多发达国家的经济发展大有裨益，但其中关键在于应向高附加值服务行业转型。相比之下，在我国，大量劳动力没有流入软件、技术开发或金融服务等高附加值服务业，而是流入批发、零售和酒店等低附加值服务业，这些行业的生产率水平仍低于制造业和建筑业领域。过早将高生产率工人从制造业转移到低技能服务业，可能削弱长期增长潜力。尽管一些高技能服务业具有较高的生产率，例如金融服务、房地产和信息通信技术，但这些行业能够吸收的劳动力数量非常有限，且劳动力进入这些行业的壁垒也较高。值得一提的是，2020年，在新冠肺炎疫情影响的背景下，基础设施和房地产投资复苏较快，因此建筑业是就业恢复最快的行业。但与制造业相关工作相比，建筑业工作的劳动生产率增长幅度相对较低，这对长期增长的益处相对较小。

深化全球供应链一体化，提高技术水平，有助于我国提升制造能力，提高劳动生产率。自2001年加入世界贸易组织以来，我国的出口额占全球出口总额的比例从不足5%上升至2019年的13%，高端制造行业如电气机械及器材出口额占我国出口总额的比例，已经升至25%以上，而纺织品等低附加值产品所占比例则逐渐下降。从工业附加值来看，高科技产业的工业附加值增速也远高于其他行业（见图3-5）。

全球化也是制造业生产率相对于服务业增长更快的一个重要原因。相较于服务，商品具备更强的贸易性，制造商有更多机会在实践中学习和开发技术，有助于在产业内实现生产率增长。尽管受中美贸易紧张局势和新冠肺炎疫情影响，但在全球产业链中，中国仍有许多吸引因素，特别是对高附加值制造业而言。首先，我国拥有规模庞大的相对高技能劳动力，且劳动力成本仍相对低廉，这使得制造业生产企业更具成本效益。其次，我国具备发展中高端制造业生产设施和完善的基础设施网络。此外，根据"十四五"规划，随着中产阶层不断壮大，经济将日益转向内循环，内需市场拥有巨大潜力，这为跨国公司提供了繁荣的需求市场。

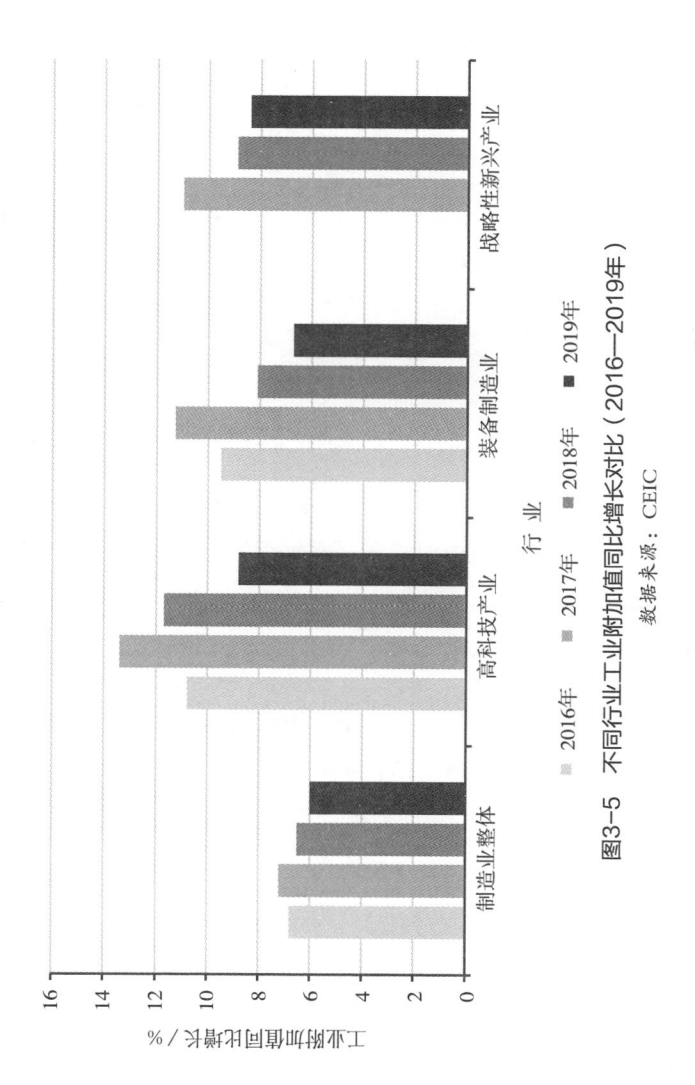

图3-5 不同行业工业附加值同比增长对比（2016—2019年）

数据来源：CEIC

本轮制造业投资回升将更加持久

制造业投资约占我国固定资产投资的43%（2016—2019年的平均水平）及GDP的18%左右（根据国家统计局的数据）。在新冠肺炎疫情的影响下，2020年我国制造业投资增速较其他领域（房地产和基建）投资增速落后较多，但2021年已经有所加速。考虑到在"房住不炒"基调下房地产市场已然降温，笔者认为，2022年及未来数年内，制造业投资增长，特别是中高端制造业和绿色投资，或将成为我国经济增长的关键动力。

制造业投资主要包括土地收购、工厂建设和设备采购，可以使用一些替代指标来分别跟踪这些因素。例如，根据通用设备和专用设备的产出来跟踪制造企业设备支出的大致走向，根据工厂和建筑竣工土地面积数据来反映制造企业对土地收购和工厂建设的投资。通过观察这些替代指标的走势，笔者发现，工业企业利润和社会融资规模增长在制造业资本支出周期中发挥了主导作用。工业企业利润增长领先设备产值增长约一个季度，而社会融资规模存量增长领先设备产值增长约三个季度。这两个变化作为制造业资本支出趋势的领先指标，为我们提供了一定线索。笔者认为，2020年年底开始的本轮制造业上行周期还将持续较长一段时间，且更多是结构性上行而非仅仅周期性上行。有四大因素支撑这一判断。

工业企业利润增长势头强劲

随着居民需求和出口逐步复苏，2020年下半年开始，工业企业利润增速已显著回升。制造业整体利润同比增速2019年仅为-5.2%，2020年第一季度更是下跌至-38.9%，但2020年第四季度已经回升至33.8%。受全球对电子产品的强劲需求推动，利润复苏早期由上游行业（如黑色金属和有色金属冶炼和压延加工业）和科技行业主导，但到2020年第四季度，大多数制造业行业的利润同比增速都已超过2019年的水平（见图3-6）。

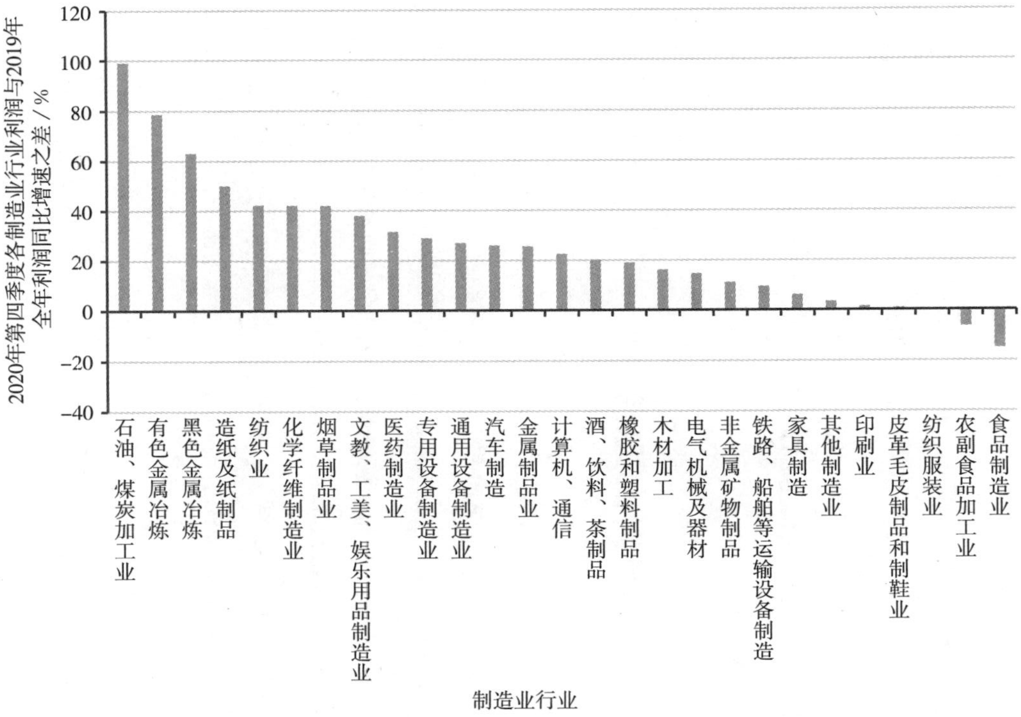

图3-6 各制造业行业利润同2019年全年利润同比增速之差对比（2020年第四季度）

数据来源：CEIC

2021年，制造企业的盈利能力仍保持在相对较高水平，主要由于：第一，随着疫苗普及率继续提高，全球需求有望维持较强，出口韧性或将保持。第二，随着居民收入持续回升，国内消费也将继续复苏。第三，基建投资仍将受到较高专项债额度等财政政策支持，建筑活动仍有支撑。

产能利用率回升至多年高点

产能利用率高企有望推动企业的产能扩张计划。2020年年底，工业产能利用率已回升至78%，达到2018年以来高点（见图3-7）。特别是从制造业各行业来看，黑色金属、有色金属冶炼、压延加工业及电气机械和设备等行业的产能利用率达到2017年以来最高水平；非金属矿产品、通用设备和化工产品等行业的资本利用率也相对较高。产能利用率高企，叠加2021年以来的全球需求和贸易前景的改善，有望促使制造企业扩大产能。

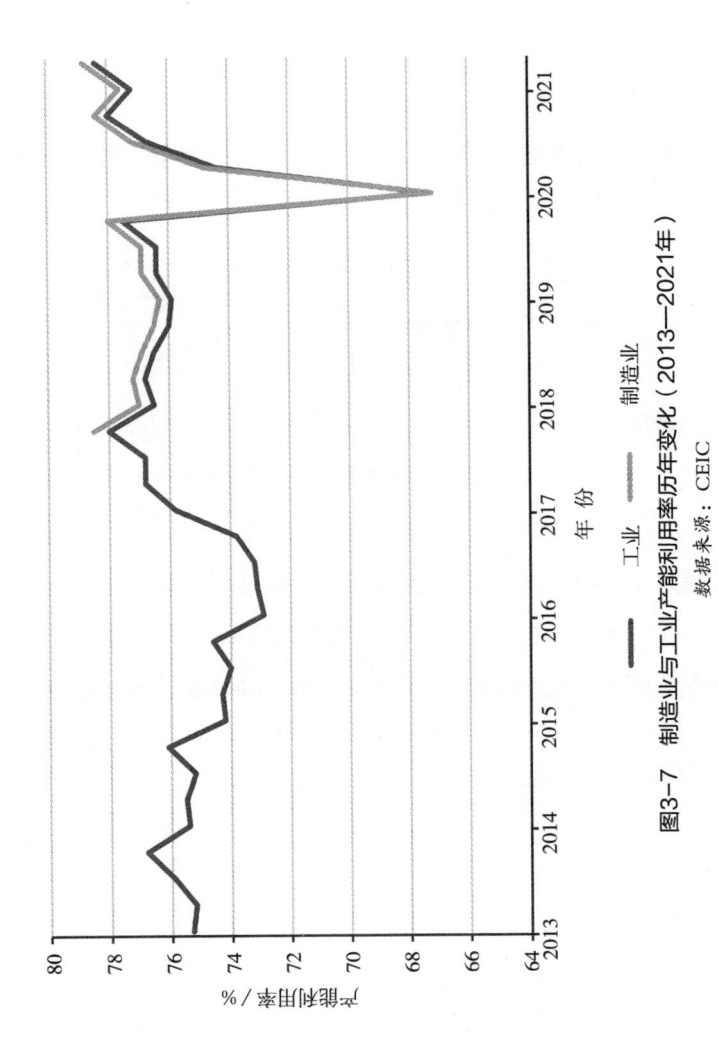

图3-7 制造业与工业产能利用率历年变化（2013—2021年）

数据来源：CEIC

新一轮的自动化和数字化浪潮

新冠肺炎疫情在一定程度上推动了数字化和自动化进程的加速,与此同时,政府也致力于科技升级,这将为持续的制造业资本支出提供更多的结构性推动力。

首先,新冠肺炎疫情推动了数字化和自动化进程。由于消费者在疫情期间更加依赖科技产品和线上服务,科技行业业务强劲增长。自2019年以来,新技术(如5G)的加速应用再次推动了数字化和自动化进程。电子产品制造企业从全球科技产品需求激增中受益颇丰,2020年科技产品出口量同比增长13.9%,通信设备的国内销售同比增长15.1%。

与此同时,传统行业也在通过人工智能和自动化寻求提高效率的方法,探索新业务模式。新冠肺炎疫情让制造企业更加重视供应链安全。2020年年初新冠肺炎疫情最初暴发时,全国性封锁措施使得许多制造企业出现了严重的劳动力短缺问题,这在一定程度上推动了许多制造业企业集群规划自动化生产线,以实现更智能的制造。此外,我国劳动力成本也越来越高,特别是以信息技术为基础的服务业的快速发展,对劳动力产生了虹吸效应,提高了劳动力成本。在此背景下,面临劳动力成本上升的制造企业有动力加大投资,以实现进一步自动化。

物联网和5G的快速发展，也有助于促进制造业的进一步数字化。2019年我国发放5G牌照后，新冠肺炎疫情暂时抑制了刚刚出现的信息和通信技术（ICT）投资上升势头。但值得庆幸的是，这一上升势头已于2020年年中恢复（见图3-8）。电信网络升级不仅会改善移动宽带服务，预计还将支持各种新解决方案，这些解决方案可能推动生产率大幅提高，并加速创新进程。特别是凭借5G技术，物联网的更多优势能够得以实现。尽管物联网的部分优势可以在前几代移动通信技术中实现，但5G有望促进企业全面创建综合生态系统，以优化制造和分销流程。例如，制造企业不再需要同时依赖固定和移动网络来满足其通信需求，因此企业也将不再依赖有线基础设施和Wi-Fi网络。

政策推动科技自给自足

政策也更加重视科技升级和自给自足。首先，政府承诺加大对基础研究的支持力度，包括推出"基础研究十年行动计划"，以及促进国家实验室发展。加大对基础研究和数字化基础设施的公共投资，可能会鼓励新技术在工业和商业中的应用，并鼓励更多的民间投资。此外，笔者认为，政府将加大对

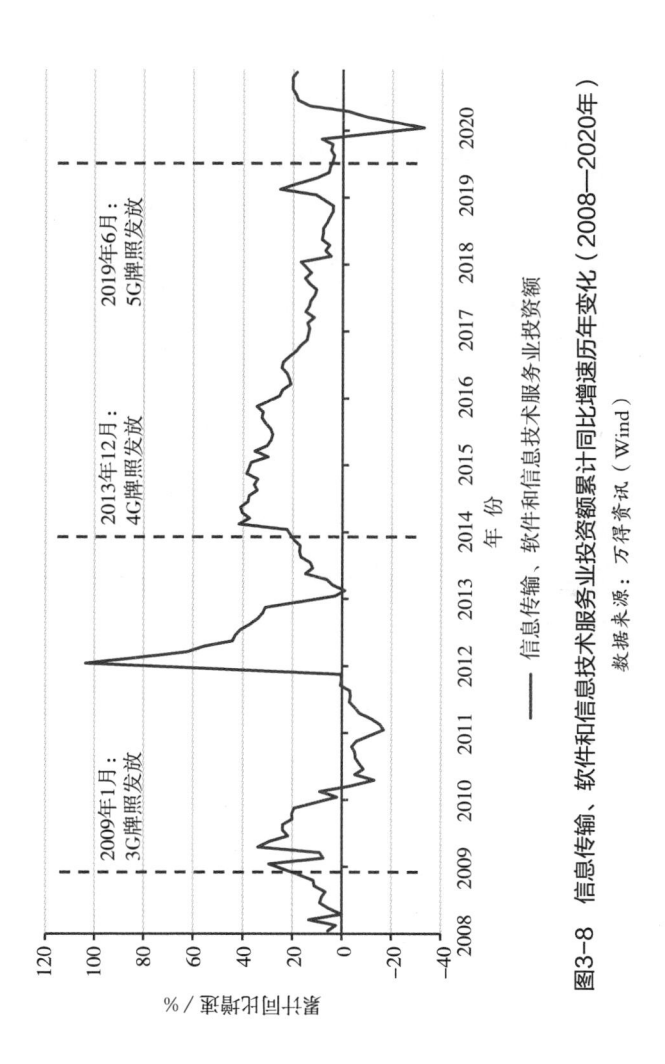

图3-8 信息传输、软件和信息技术服务业投资额累计同比增速历年变化（2008—2020年）

数据来源：万得资讯（Wind）

研发费用和制造业投资的信贷及财政支持力度，这将加快民营部门对研发和跨部门替代领域的投资。2020年，我国的研发投入强度为2.4%，已经达到了OECD国家的平均水平（2.4%）。"十三五"期间，我国研发支出年均增速达到了10%；笔者预计"十四五"期间，研发支出年均增速将超过7%，以实现研发投入强度再创新高的目标。目前市场关注的焦点主要集中在生物技术、半导体和新能源汽车，未来有望扩展到更多的高科技领域。

综上四大因素，我们有理由相信，本轮设备升级带来的制造业投资回升更多是结构性的，而不只是周期性的。在之前的设备升级和整体制造业投资周期中，一个上行周期通常持续一年半至两年。由于受中美紧张局势和疫情影响，制造业投资增长于2018年至2020年中出现严重且漫长的下行，笔者认为，这一次的上行有望持续更长时间。

此外，一些传统制造业的资本支出增速或有望继续上行。在自动化和国产替代的整体背景下，国内制造机械和设备生产商将会看到此方面需求持续增长，从而增加研发费用，加大产能扩张力度。同时，在大宗商品价格反弹和产能利用率高企的背景下，传统大宗商品行业对制造业投资的拖累可能减弱。铁矿石、钢铁和有色金属等行业的产能利用率已达到2015年以来新高。尽管从长期看，这些行业的产能扩张和产出增长空间相对有限，但当前产能利用率高企且大宗商品价格较高有望支撑推动利润水平，可以缓解削减产能的压力。此外，这些高耗能行业也将增加更多投资，转向设备升级和碳减排。

政策助力推动工业化发展

促进劳动力流动,释放劳动生产率增长潜力

　　一方面,放宽户籍限制有助于吸引更多农民工向城市迁移,并同时保证他们获得同等水平的社保(如医疗、教育和失业保障)。另一方面,深化农村土地制度改革也让农村家庭能够提升其迁移至城市的灵活性。推动城乡土地一体化、允许更多市场力量在农村土地定价中发挥作用,将有助于提高农村土地权所有者的流动性。户籍制度改革和土地制度改革不仅有助于将更多劳动力资源重新分配到效率更高的行业,考虑到城市家庭的可支配收入平均比农村家庭高出2.6倍,这还有助于提高国内消费者的购买力。

减税降费，鼓励更高效公平的资源配置

此外，政府还可能加快增值税制度改革进程，以减轻制造企业的税负。与服务业相比，制造业长期以来面临更重的税负。2019年，制造业的增值税率由16%降为13%，但仍高于建筑业的9%和服务业的6%。较高税负可能造成企业资金周转和经营困难。为减轻制造企业的税负，进一步对增值税率进行简并和降低，将是未来增值税改革的方向；社会保险缴费也有降低的空间。此外，加大对创新和产业升级的税收优惠力度也很重要，2021年政府工作报告提出对制造业的研发费用加计扣除比例由75%提高到100%，未来还可以进一步考虑降低高科技企业的所得税率，将研发税收优惠政策从高科技行业扩大到其他行业，鼓励更多行业的技术升级和自动化，等等。

增加货币政策支持

控制金融风险固然重要，但不应以牺牲实体经济增长为代价。笔者预计，2022年社会融资规模存量增速将较2021年小幅增长。此外，鉴于"十四五"规划的政策重点是进一步促进产业升级和科技自给自足，银行新增制造业贷款的比例应仍将

提高。

推动教育发展，鼓励产业创新

笔者预计，政策方或将提供人才发展计划，重点提供技能培训，并将实践经验与教育课程更深入地结合起来。我国有望出台更多鼓励创新的扶持政策，加强知识产权保护，发展城市群和相关基础设施建设，并加强前沿技术与传统技术的结合。

加强国际贸易和投资合作

按照竞争中立原则进行结构性改革，以创造公平的竞争环境（例如公平市场准入、国企混合所有制改革和对政府采购实施竞标），将有助于激励更多国内民营企业和外国企业进行投资。此外，加强知识产权保护也将是确保健康市场竞争的关键因素，有助于鼓励更多外资企业增加投资。此外，我国还将继续巩固和执行与其他国家例如欧盟、日韩等的贸易协议，进一步缩减外商投资准入负面清单，扩大对外国投资者开放。

第 4 章

中美"科技战":如何突围

中美之间不断加剧的紧张关系蔓延至科技行业,阻碍了高科技产品和技术在两国之间的流动。但是除了美国,我国仍有很多机会向其他发达国家学习,实现技术差距的缩小。

与此同时,人才库和国内市场的巨大规模,以及创新生态系统的不断完善,将为持续不断的技术升级提供有力支撑。

第4章 中美"科技战":如何突围

从"贸易战"到"科技战"

2020年1月,中美签署第一阶段经贸协议并实施,内容涉及一系列问题。未来,谈判或将更加聚焦于结构性问题,例如技术转让等。在过去几年里,中美之间日益紧张的关系已经超出了传统贸易争端的范畴,波及前沿技术和国家安全等方面。近年来,科学技术发展得益于全球化,跨国界研究人员之间的交流进步激发了新的理念和设想。然而,面对中美之间日益紧张的关系,由于对国家安全的担忧和对知识产权盗窃的指控,美国的态度已经明显转为遏制知识技术交流。例如对华为和中兴的出口禁令,对学生和学者的签证限制,以及美国外国投资委员会(CFIUS)拒绝中国收购美国公司。对中国来说,这些来的或许正是时候。面对疲软的国内经济和贸易战带来的外部压力,我国正好集中力量提升技术以保持增长。因此,对美国技术和市场的依赖，成为中国继续发展中又一不容忽视的风险。

自2015年以来，作为"中国制造2025"目标的一部分，我国一直努力推动技术创新，这不仅符合我国发展目标，也可提高生产率，从而有助于维持增长。事实上，已有相当证据表明，我国已凭借自身实力成为技术领先者。纵观全球科技期刊文章数量，中国在过去10年呈指数级增长，2016年已经超过美国，成为科技论文产量最多的国家，但人均科研论文数量仍然落后于其他发达国家。这意味着，我们仍然有继续追赶的空间。与此同时，劳动生产率是评估一个国家科技水平的指标，笔者发现，在全球范围内，我国的劳动生产率在过去10年中虽然有所上升，但与其他发达国家相比仍有相当大的差距，目前仅约为经合组织（OECD）国家平均水平的20%，韩国劳动生产水平的30%。从行业角度来看，也能发现类似趋势，中国工业和服务业的劳动生产率仍有很大的增长空间。值得注意的是，中国工业部门的效率高于服务业，而服务业效率的提高则由促进经济发展的制造业产业升级所推动。然而，中国仍可以向其他发达经济体学习，包括新加坡、德国和日本。尽管中国向WIPO提交的全球知识产权专利申请量位居第一，但是，日本、韩国和德国的专利质量更高（用专利授予数量占申请总数的比例，作为衡量专利质量的指标）。

好消息是，在中美科技紧张局势持续存在的背景下，中国

第4章 中美"科技战":如何突围

仍有很多机会向其他国家和地区学习,提高技术采用率,美国并不是在所有领域都具有垄断地位。在大多数领域,欧洲或日本地区的专利申请量超过了美国;在某些先进技术领域,也有其他国家处于领先地位,例如日本在光学、热处理和仪器领域具有显著的领先地位,而欧洲在发动机、泵和涡轮机、机械元件和运输领域具有较明显的领先地位。随着我国技术能力的提升,应考虑把重点放在提高技术存量的质量上;而由于技术进步与劳动力投入的质量高度相关,技术水平的提高与强大的人力资本二者齐头并进,相辅相成。

聚焦科学和工程领域,我国相对其他国家和地区的表现情况如何,在哪些领域仍有进步空间和学习机会呢?如图4-1所示,美国国家科学基金会2017年在科学与工程领域的一系列同行评议文章中公布的数据显示,中国在科学和工程领域的论文数量增长速度超过美国,在生物学和医学领域则落后于美国,在计算机科学和物理学领域位于欧盟与美国之间。在美国明显领先中国的情况下,欧盟也在多个科学和工程领域超越了美国。这意味着,美国对科技创新无法形成垄断,我国仍有向其他国家和地区学习的空间。

在论文质量上,我国已经取得了长足的进步。如图4-2所示,我国科学和工程论文的高被引论文(HCA,即累计被引用次数进入各学科世界前1%)得分翻了一番,从2005年远远低于

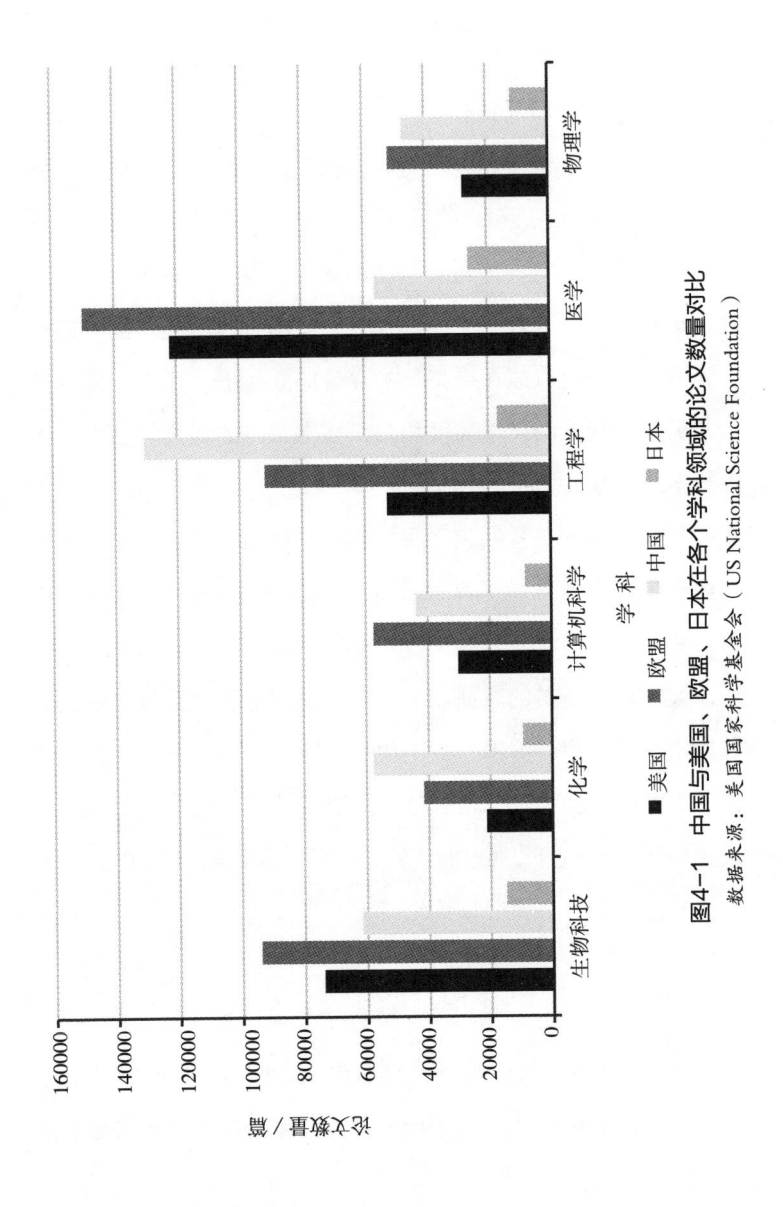

图4-1 中国与美国、欧盟、日本在各个学科领域的论文数量对比

数据来源：美国国家科学基金会（US National Science Foundation）

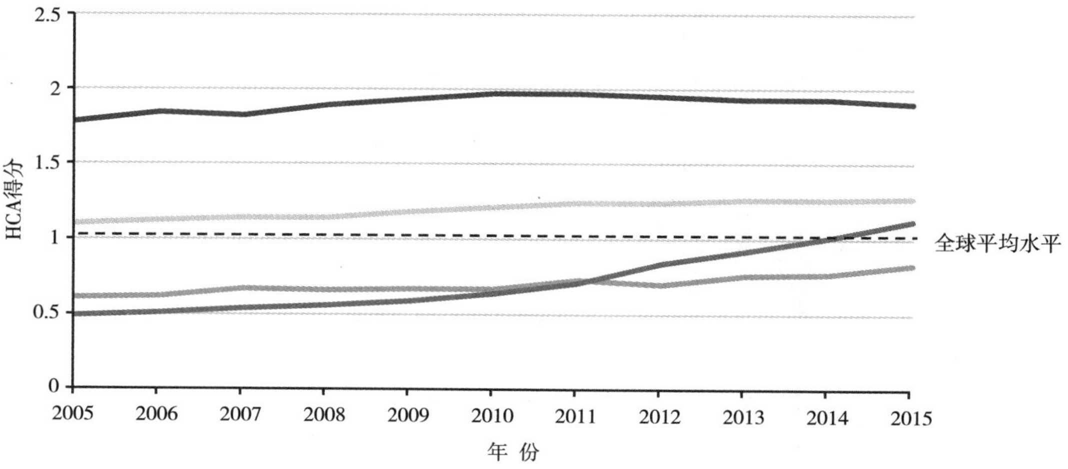

图4-2 中国与美国、欧盟、日本在科学与工程领域的高被引论文得分对比（2005—2015年）

数据来源：美国国家科学基金会

世界平均水平的不到0.5，上升至2015年的1.1。值得注意的是，虽然这一得分仍落后于美国和欧盟（分别排名第一和第二）。但因为我国的增长速度更快，差距已经有所缩小，且美国自2011年以来出现了轻微下滑。因此，随着我国不断提升人力资本素质和创新能力，即使美国向我们关闭了大门，我们也仍有向欧盟学习的机会和空间。此外，知识全球化的趋势在各国都很明显，特别是欧洲国家处于领先地位，这进一步使我们相信，即便向美国学习受阻，我们仍可以继续向其他国家学习，因为其他国家更倡导协同合作。

人工智能：知识积累全球领先

人工智能具有引发下一次工业革命的巨大潜力，因其有望成为许多前沿领域的核心技术，例如物联网、无人驾驶、医疗和机器人等。因此，我国优先发展人工智能，并鼓励相关研发，以促进经济发展。

我国在人工智能知识的积累上已经处于全球领先地位，在专利申请上占全球37%，远高于第二名美国的25%；1997—2017年这20年间发表论文的数量也高达近37万篇，居世界第一。我国在人工智能领域的论文和专利方面的知识产出比美国多，产出的质量水平也有所提高。在斯坦福大学的人工智能指数中，论文被纳入领先人工智能协会（AAAI）会被当作指示高质量人工智能论文输出的代理指标。如图4-3所示，根据这一指标，中国是人工智能知识发展的领跑者。在2018年，被纳入论文中中国的数量占1/3，基本与美国持平。这与20年前的情况形成鲜明对比——1998年中国只有一篇论文参与AAAI，而现在竟已成为领跑者。这表明中国在人工智能领域向其他国家学习的机会可能较少，因其知识发展水平已经与美国旗鼓相当。

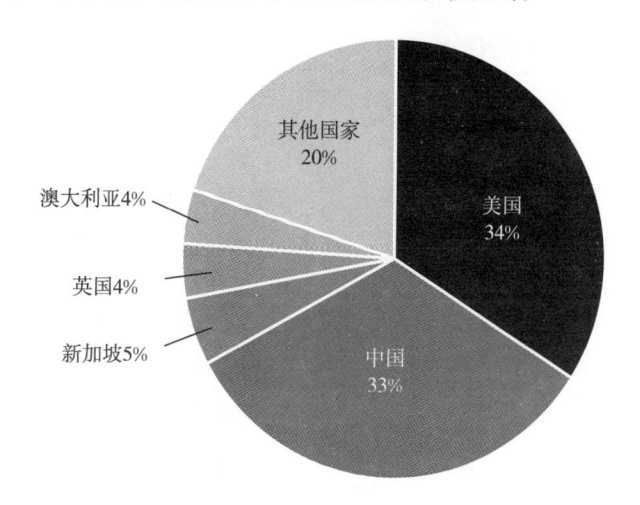

图4-3 各国在高质量人工智能开发方面论文被纳入AAAI的数量分别占全球比例

数据来源：AAAI

就人工智能应用于商业方面，并购、收购和风险投资一直是我国企业获取技术秘诀的传统方式，尤其因美国公司具有技术优势，中国企业多将其作为并购目标，一旦收购成功，中国企业会引入技术、消化吸收再创新，相当于省去技术开发过程。近几年来，美国监管机构越来越多地以国家安全为由对此类交易进行审查，影响显著——2018年，我国在美并购交易同比下降95%。对人工智能企业，美国和中国占据全球人工智能企业份额的前两位，分别占41%和21%（见图4-4），因此我国向其他国家寻求替代学习资源的空间相对有限。尽管如此，笔者认为，与其他国家的回旋和合作仍有一定的空间。鉴于美国以外的企业规模有限，如果美国对我国实施技术封锁，我国将

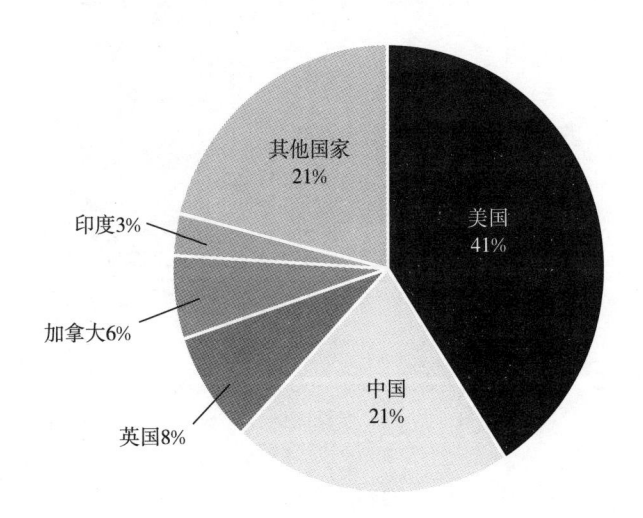

图4-4 各国人工智能企业数量分别占全球比例

数据来源：AAAI

更依赖本土人工智能的发展。事实上，这并不代表我国技止于此，前景堪忧，因为我国在人工智能开发方面仍具有比较优势，比如大量数据的可获得性，这使得测试和开发人工智能有更广阔的市场准入。从经济角度看，最好的情况是开放的国际流动，因为仅仅将他人的技术拿来重装而不进行自我创新是低效的。创新将通过更多全球参与者的投入来促进，而各国可以专攻自己的比较优势。

汽车升级：电动汽车和自动驾驶

汽车工业的升级也是一个技术前沿领域，各国竞相开发，因为这对提高生产率意义重大。下一代汽车将更加环保，资源利用效率更高，能减少交通拥堵，对人力的依赖更少，这也使得更多劳动力可以去其他生产率更高的部门。对汽车升级的关注焦点主要有两方面：电动汽车（EVs）和自动驾驶。前者使得汽车升级使用，更可持续能源；后者则将人工智能应用于汽车。

如图4-5所示，在罗兰贝格管理咨询有限公司（Roland Berger）2018年的电动交通指数（E-mobility index）中，我国在技术方面排名倒数第二。虽然美国领先于我国，但其他欧亚发达国家该指数得分较高，排名靠前，这表明我国有机会向这些

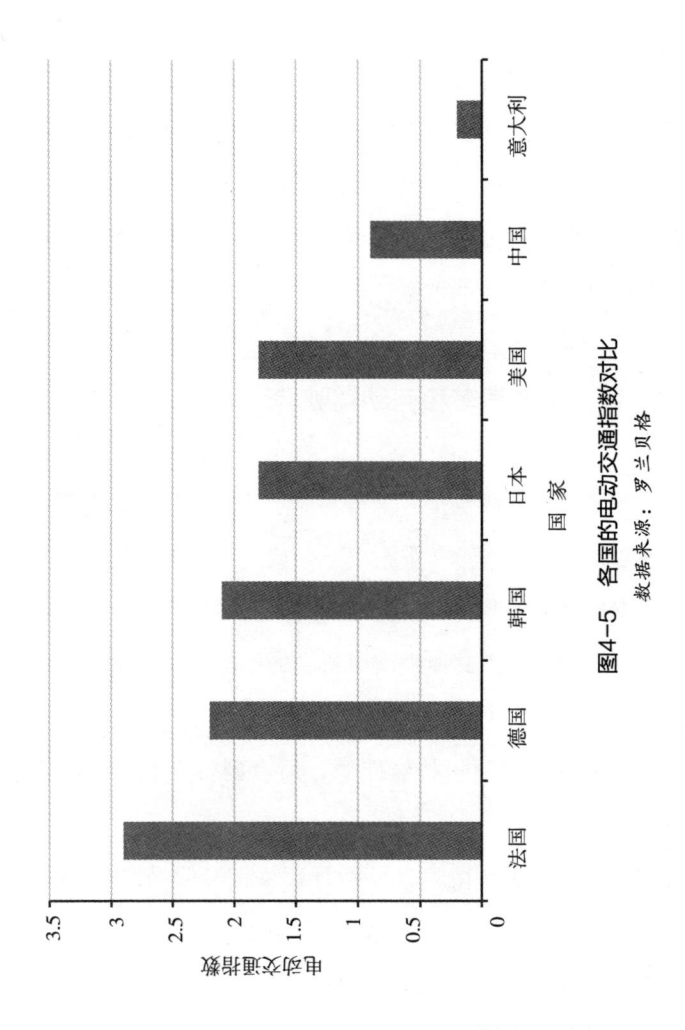

图4-5 各国的电动交通指数对比

数据来源：罗兰贝格

第4章 中美"科技战"：如何突围

国家学习，例如电动汽车技术佼佼者法国。与电动汽车技术齐头并进的是自动驾驶技术的研发，这是一个相对新生的领域，拥有从大型技术公司到初创企业的广泛参与者，它们争先恐后地将免提驾驶技术和低限度依赖手动驾驶的汽车商业化。根据国际自动机工程师学会（SAE）的定义（作为评估自动驾驶车辆的行业标准），有五个级别的自动化，其中第五级是完全自动化的，不需要任何人机交互。目前的技术还没有达到商业市场的第四级水平（汽车是自动的，但可能仍然需要较少的手动控制）。

根据罗兰贝格的报告《全球自动驾驶汽车发展指数》（2017年第四季度），尽管中国在行业和市场上排名靠前，但技术方面则排名倒数（见图4-6）。该指数显示，有许多国家的技术专长水平高于我国，是可以学习的对象，比如美国、德国、瑞典等。我们还看到跨国车企的合作布局：除了美国（英特尔和英伟达），百度的开源自主汽车系统Apollo已经和德国（宝马和戴姆勒）、日本（丰田和本田）的多家公司建立了合作关系。

美国是测试车辆的主要地点。加州是最受欢迎的研究地之一，全世界的公司都在此进行试验。这是因为加州是最早允许自动驾驶汽车进入公共道路的地方之一，而且有着有利的试验条件和强大的人才储备。然而，越来越多的国家，例如中国、

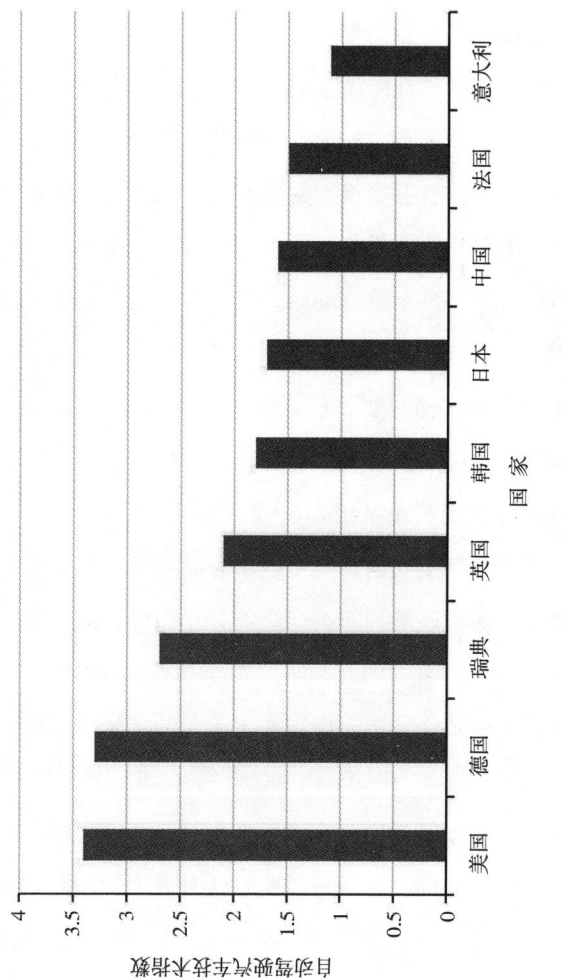

图4-6 各国自动驾驶技术领域指数对比

数据来源：罗兰贝格

德国、新加坡、英国等,正在指定特别试验区,因此,我国有机会在美国以外的发达国家或国内开发其技术。

医疗科技:学习提升空间广阔

另一个前沿技术领域是生物医学和人工智能在医疗保健中的应用。为改善卫生技术以使公民受益,各国正对相应的人力资本加大投资,从长远来看,这也将推动经济增长。如图4-7所示,自然指数"2019年生物医学科学排行榜"前200名学术机构

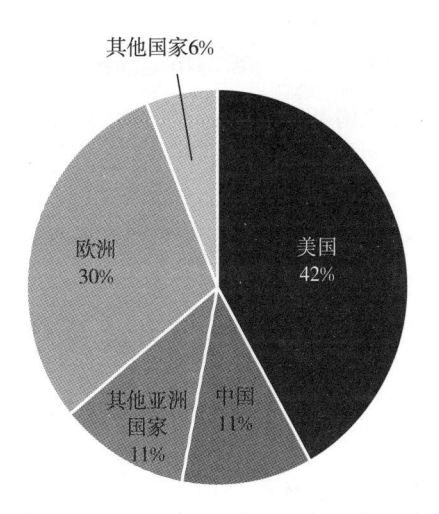

图4-7 各国在"2019年生物医学科学排行榜"中前200名学术机构数量分别占全球比例

数据来源:自然指数(Nature Index)

中，美国占据了大部分份额，处于领先地位，而中国只占了美国的约1/4。医学领域确是我国一个比较薄弱的领域，但欧洲和其他亚洲国家在行业领先者中占了相当大的比例，为我国带来了学习机遇。

除了科研投入，对医疗技术的应用也是另一个重要内容。根据飞利浦"2018年未来健康指数"（着眼于16个国家在医疗服务中应用数据分析的维度，以及将前沿技术运用于医疗服务等在医疗领域的应用），在数据收集与分析及医疗服务方面，我国都低于平均水平（图4-8），表明我国在医疗保健领域的技术应用还有很大的提升空间。值得注意的是，美国领先我国，但新加坡和瑞典在这两个方面的排名都超过了美国，这意味着我国可以转向这些国家进行学习。

半导体科技：中国科技的"阿喀琉斯之踵"

在上述行业中，尽管我国在某些方面可能落后，但也可以向美国之外的其他国家学习。然而值得注意的是，我国技术进步的一个致命弱势领域是半导体领域。半导体是一种用于微芯片的材料，许多技术都依赖半导体，如电脑、智能手机等日常电子设备，5G微芯片、自动驾驶、传感器等下一代技术，以及机器人配件。虽然政策大力推动本土半导体研发，但由于美

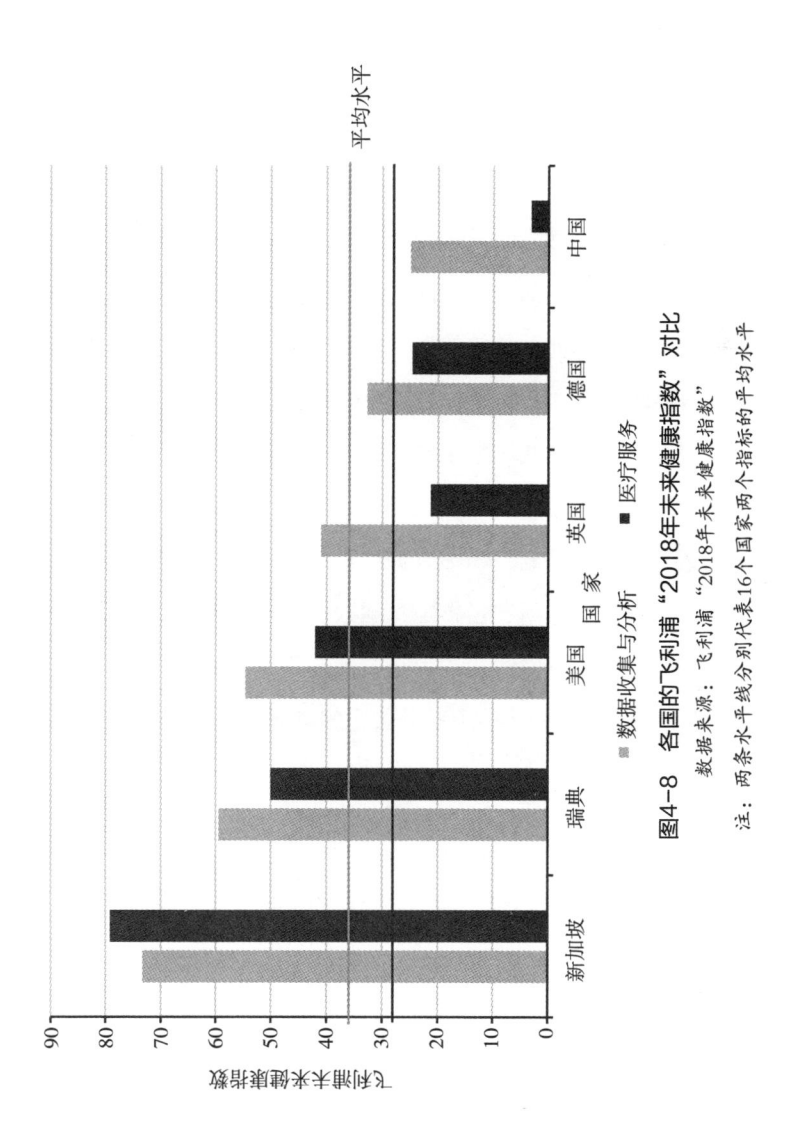

图4-8 各国的飞利浦"2018年未来健康指数"对比

数据来源:飞利浦"2018年未来健康指数"

注:两条水平线分别代表16个国家两个指标的平均水平

国芯片更先进、更紧凑，我国的许多技术公司仍严重依赖进口美国公司的半导体。2018年中美贸易战以来，美国针对华为的政策措施实际上阻止了美国公司向华为提供零部件和技术，其中最关键的就是半导体，这削弱了华为继续生产技术产品的能力，且不得不依赖之前积累的微芯片库存。2019年11月，如果不涉及国家安全，部分持有许可证的美国公司被允许向华为出口配件。尽管如此，最初的禁令已经凸显出中国企业对美国技术的敏感性，这体现了供应链高度全球化的特质。

很多人认为，我国的半导体行业距离赶上美国尚需时日。由于美国公司主导高度专业化芯片的设计（而制造环节可能由其他国家的公司完成，如韩国），对我国来说，尚无可选择的替代市场，半导体问题仍将是我国的痛点。而考虑到美国半导体公司忧心营收下滑，而华为等中国企业是其主要客户，美方今后或许在一定程度上也有缓和关系的可能。

继续向全球价值链上游移动

供应链重组和升级并非新事

供应链重组已经在全球各地进行了多年，我国一直稳定保持着主导地位。2013—2017年间我国制造业产出占全球制造业产出的33%以上。汽车、电子、科技和消费品等主要产业几乎所有的生产和供应，都可以在中国找到一席之地。自2018年中美贸易紧张局势爆发以来，供应链重组问题再度成为市场关心的焦点。许多人认为，如果中期内美国继续向中国征收高额关税，制造商或会将生产迁移到其他国家以规避关税。2020年以来，新冠肺炎疫情在全球蔓延，这为中美博弈增添了新的扰动因素。疫情造成的干扰引发了市场对供应链安全和韧性的担忧，多国政府开始考虑产业多元化和将工厂迁回国内，特别是医疗设备和防护装备等具有战略性意义的关键产品和服务。此外，中美关系进一步恶化，也可能促使更多企业（尤其是跨国企业）重新考虑在中国的投资策略。而随着中美紧张局势日益扩展至科技和金融领域，这可能推动企业考虑制造业务多元化，以避免"把所有鸡蛋都放在一个篮子里"。

尽管如此，笔者认为，所谓全球供应链即将大规模迁出中国这一论断，是错误的。供应链重组或仍将持续，但这一变化不会是单向的。考虑到中国劳动力成本上升及为了避开贸易壁垒，低附加值的生产和制造或将部分迁移到其他国家，但中国强大的比较优势将支持制造业向高附加值生产转型。对比2018年贸易战前后几年的数据可以发现，中国在全球贸易和外国直接投资中所占份额有所上升，而不是下降。

尽管我国近几十年来在全球制造业产出中所占份额一直在上升（从2003年的12%上升至2017年的33%），但比较优势的变化已令制造业格局从低技能和劳动密集型工作，转向自动化程度更高、中高端科技含量更高的生产。过去几十年，随着我国的人均国内生产总值迅速增长，工资成本——过去曾是吸引许多轻工制造商将生产选址于此的拉动因素（pull factor）——如今已成为反作用的推出因素（push factor）。与其他亚洲国家相比，中国的工资成本近10年大幅上升，这影响到了如纺织品和家具等低附加值、劳动密集型产业制成品的最终利润率。如图4-9所示，纺

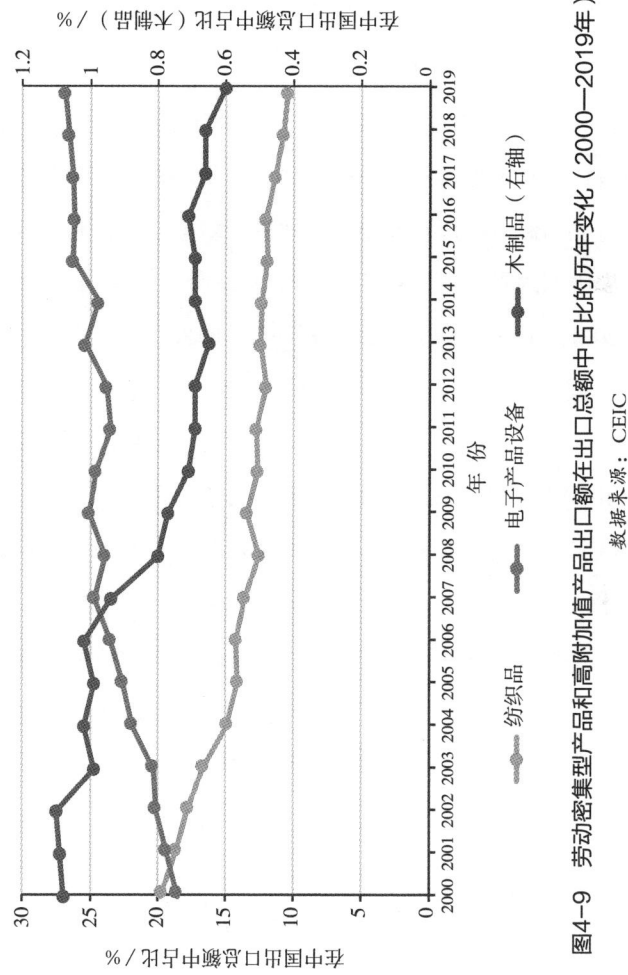

图4-9 劳动密集型产品和高附加值产品出口额在出口总额中占比的历年变化（2000—2019年）

数据来源：CEIC

织品和木制品等劳动密集型产品在中国出口总额中所占份额一直在下降,表明这些劳动密集型产业的一部分制造商正逐渐从中国撤出。

此外,中国政府近年来收紧了环保方面的监管,并取消了一些针对外国投资者的税收优惠。对于追求低成本生产的重污染行业和低附加值行业制造商而言,这些举措也成了将它们推出中国的因素,促使这些制造商将工厂迁往那些能提供与中国在20世纪90年代提供的激励措施类似的欠发达经济体。与此同时,我国政府加大了对资本密集型和知识密集型产业发展的支持。例如2006年发布的5年规划首次以先进技术为发展重点。2010年10月,政府确定了7个"战略性新兴产业",如生物科技、新型材料、新能源汽车等,这些产业对中国产业升级和技术发展至关重要。2015年,"中国制造2025"规划推出,进一步拓宽了政府支持范围,不仅注重技术创新,而且注重整个制造过程,强调包括外国投资者在内的市场力量的参与,以实现产业升级。"十四五"规划则将科技的自立自强作为发展重点。

随着产业政策重点的转变,我国在升级基础设施和教育方面投入巨资,这有助于促进高附加值制造业活动的快速发展。因此2016—2019年,高科技和战略性新兴产业的附加值增速快于制造业整体,这意味着这些产业在整个制造业生产中所占份额也有所上升。如图4-10所示，放宽到全球视野来看，中国在全球中高端科技产业中所占份额在约10年间（2007—2016年）增长了近2倍，达到31.5%。根据美国国家科学理事会的数据，这超过了美国在21世纪前10年后半段以及欧盟在2007—2016年内的水平。

大规模供应链外迁？

中美贸易战爆发之初，流行观点认为这一紧张局势的迅速升级，将会对中国供应链造成毁灭性打击。然而，制造业大规模迁出中国，要真正实施起来其实面临巨大困难。自2018年贸易战开始以来，还没有明显迹象表明我国产品在其他经济体的进口中所占份额出现显著下降。尽管美国进口总额中从中国进口的金额占比从2017年的21.6%下降至2019年的18.1%，但中国产品在大多数其他国家和地区仍一直保持稳定的市场份额，这表明中国迄今为止能够保留大部分制造业生产能力。特别是在中高端科技产品领域（以电子和电气设备为例，见图4-11）。过去两年，在其他国家和地区的进口中我国的份额也保持稳定，这表明这些行业的供应链并没有出现大规模迁移。

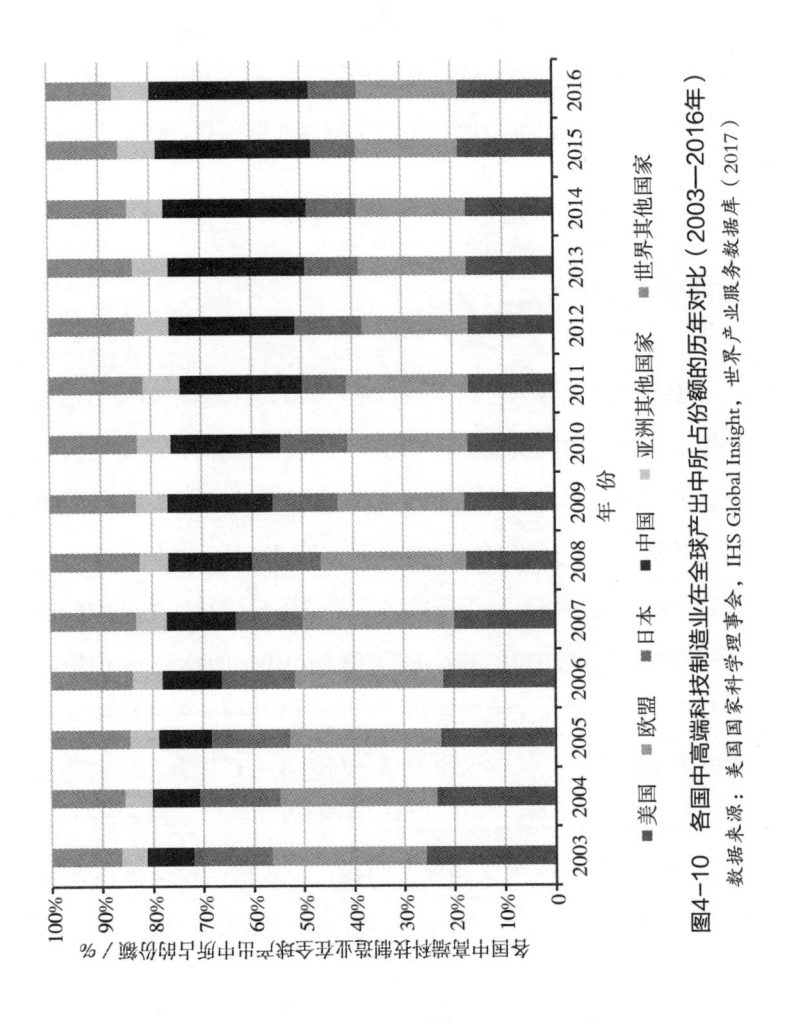

图4-10 各国中高端科技制造业在全球产出中所占份额的历年对比（2003—2016年）

数据来源：美国国家科学理事会，IHS Global Insight，世界产业服务数据库（2017）

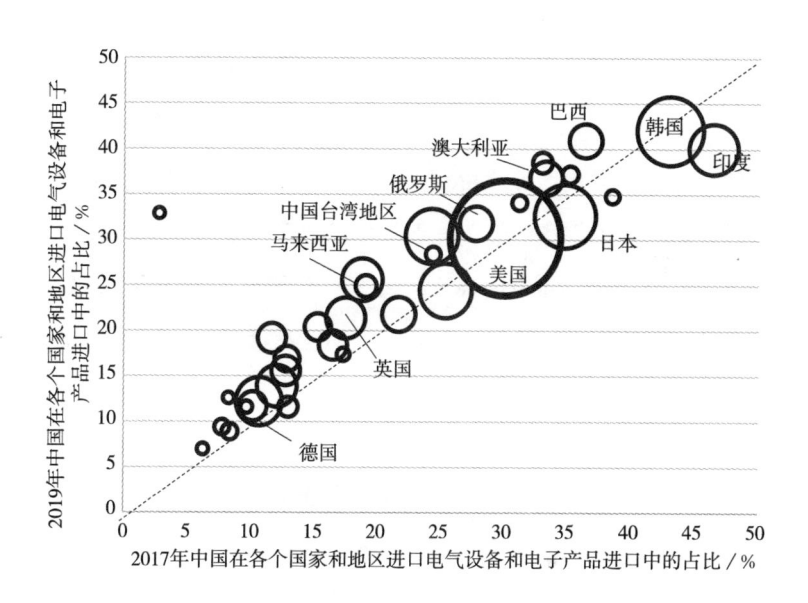

图4-11 2017年和2019年中国在各个国家和地区电气设备和电子产品进口中所占市场份额的比较

数据来源：国际贸易中心的贸易地图

注：气泡大小代表2019年各个国家和地区从中国进口电气设备和电子产品额度的大小（仅包括进口额超过4亿美元的部分国家和地区）。各气泡中心在中轴线之上则代表2019年该国家或地区电气设备与电子产品总进口额中从中国进口额度的占比有所提升，在中轴线之下则代表2019年该国家或地区电气设备与电子产品总进口额中从中国进口额度的占比有所下降。

但坏消息是，我国对美国的一些中高端科技产品出口，包括一些信息和通信技术产品，还是受到了严重冲击。前三个关税清单（分别是2018年的340亿美元、160亿美元和2000亿美元关税清单）中所列信息和通信技术产品大多为中间产品。2017—2019年，我国计算机和处理单元的印刷电路组件这两大主要产品的美国市场份额，分别下降了47和15个百分点。与此同时，美国从韩国和中国台湾地区等替代来源进口了更多此类产品。然而值得注意的是，尽管美国加征高额关税导致我国部分信息和通信技术产品在全球失去了部分市场份额，但我国对这些产品的中间部件的出口却一直在上升。例如，我国在计算机印刷电路组件出口上失去了部分全球市场份额，但2018—2019年期间，我国印刷电路板（印刷电路组件的中间产品）出口在全球市场中的所占份额一直在上升。手机产业也出现同样的趋势。尽管部分生产商把组装厂迁至越南、墨西哥等劳动力成本较低的国家，导致我国的手机出口市场份额略有下降，但手机零配件出口市场份额一直在上升。

这一现象表明，为了降低劳动力成本或避免贸易壁垒，低附加值的组装工作已部分迁至其他国家，但中国已经在转向高附加值的生产，例如生产更多中间产品。笔者认为，在美国提高关税的背景下，产品的广泛多样性和对需求变化的高度适应能力，对中国留住中高端科技生产起到了关键作用。这可以在一定程度上解释为何电子产业的生产并没有出现大规模外迁。

中国的拉动力量仍然强劲

事实上，那些吸引跨国企业最初选择留在中国的许多原因，如今依旧存在，笔者认为，从中国大规模迁出供应链的情况不太可能发生。例如，中国是全球许多产品的最大消费市场，并且仍在继续增长。如图4-12所示，根据经合组织的数据，2016年约73%的国内增加值来自国内最终需求，较2005年的62%有所上升；世界投入产出数据库（WIOD）2014年的数据也给出了类似的结论——中国71%的制造业生产用于满足内需。

中国的国内市场非常庞大，而且还在不断增长，这无疑激励了制造商将主要生产留在中国，以便尽可能接近这个巨大的消费市场。在美中贸易全国委员会（USCBC）2019年成员调查中，当被问及是否已经或计划将任何业务迁出中国时，绝大多数美国企业表示，尽管贸易紧张局势升级，但他们仍决心留在中国市场。此外，调查结果还显示，超过90%被调查的美国企业表示，对中国现有和未来投资的主要目标是进入和服务中国市场。

尽管短期内，我国消费的复苏仍然相对疲软，但疫情并未改变企业对国内消费市场长期持续增长的预期。志在开拓中国

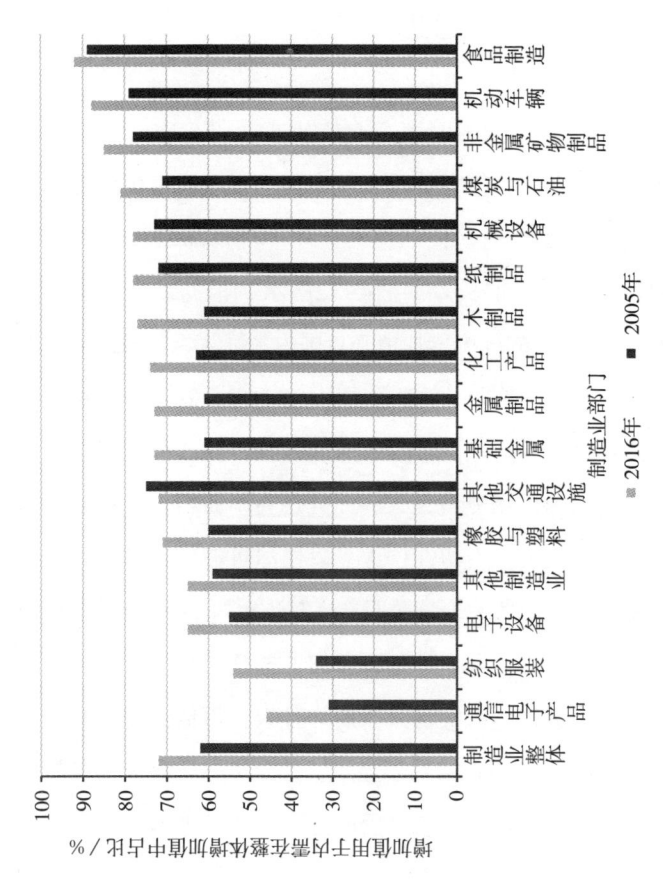

图4-12 各制造业部门用于满足国内需的国内增加值在整体增加值中占比的两年对比（2005年与2016年）

数据来源：OECD

第4章 中美"科技战":如何突围

市场的外资企业也并没有因为疫情影响就打算撤出中国。美国商会驻北京和上海办事处与咨询公司普华永道(PwC)于2020年3月进行了一项商业调查,调查结果显示,即使受到新冠肺炎疫情的影响,84%以上的受访企业也没有将生产或业务迁出中国的计划,还有74%的受访企业表示并没有改变采购来源的计划,这也证实了笔者的观点。

新冠肺炎疫情暴发后,信息和通信技术产品、电子产品、纺织品和电气设备等受外需影响较大的行业,可能有更大动力重新分布其生产网络,以分散供应链风险。但这显然不是决定制造商迁移供应链的唯一因素。中国在制造业领域的比较优势,有助于留住中高端科技行业,例如中国拥有综合性供应商和生产设施网络、完善的基础设施网络和更多的高技能熟练工人,并且有许多当地企业提供中间产品和辅助服务,例如物流和原型设计。这使生产速度更快、成本更低、效率更高。眼下,其他新兴市场还很难在这些领域与中国竞争。根据日本贸易振兴机构(JETRO)的数据,日本企业在中国的当地采购率为66.3%,远高于越南等其他亚洲新兴市场国家。如果制造商将生产迁移至亚洲的其他新兴市场国家,将不得不增加海外采购,从而不可避免地导致成本上升。

我国完善的基础设施为中高端科技制造商的生产提供了进一步的支持。如表4-1所示,过去20年,我国在交通基础设施方面的投资增长,使得我国的物流水平比其他主要新兴市场好得多。此外,我国的信息和通信技术基础设施建设发展迅速,宽带接入水平(被视为更先进信息和通信技术基础设施的一个指标)一直高于中上收入国家的平均水平,与高收入国家平均水平的差距也在缩小。在部分领域,例如5G开发,中国已经走在前沿。高质量的信息和通信技术基础设施为中国高附加值活动(包括研发活动)的发展提供了必要的支持。

表4-1 中国和其他新兴市场的物流绩效指数对比

国家	全球排名	清关	基础设施	国际运输	物流能力	跟踪和追溯	及时性
中国	27	3.28	3.73	3.57	3.58	3.63	3.86
印度	42	2.97	3.01	3.24	3.18	3.33	3.57
越南	45	2.86	2.92	3.15	3.17	3.23	3.60
墨西哥	53	2.78	2.90	3.09	3.06	3.14	3.49

数据来源:世界银行物流表现指数

注:所有数字(除全球排名外)均表示一个国家在贸易物流子行业的绩效,按1~5从低绩效到高绩效排列。物流绩效指数包括160个国家和地区。

此外,工程师和技术人员等大量价格合理的专业劳动力,已成为我国中高端科技制造商独特的人力资本优势。笔者预计,未来5年,中国每年将培养800万~1000万大学毕业生,其中超过40%为科学、技术、工程和数学专业。这意味着中国每年将培养400多万STEM毕业生,超过美国、欧洲、日本和韩国的总和。与东盟国家等其他主要新兴市场相比,中国提供的熟练劳动力要多得多。根据世界经济论坛的数据，2015年，中国接受过高等教育的工人达到7800万，是东盟国家的4~10倍（见表4-2）。

表4-2 中国与东盟国家熟练劳动力指标对比

熟练劳动力指标	中国	越南	马来西亚	泰国	菲律宾	印尼
劳动力数量（百万人）	788	55	16	38	44	131
每周平均工作时间（小时）	45	42	43	42	41	39
受过高等教育劳动力（百万人）	78	8	4	6	16	12
中等熟练劳动力就业占比（%）	91.8	60.1	86.2	90	68.4	81.9

数据来源：CEIC、世界银行、世界经济论坛

注：所有劳动力数据截至2018年年底，每周平均工作时间和中等熟练劳动力就业占比为2017年数据，受过高等教育的劳动力数据为2015年数据。

这些比较优势对中高端科技制造商起到强大的拉动作用。如图4-13所示，笔者利用主要制造业部门受到外需和技术水平的影响程度，来衡量供应链迁出中国的可能性。其中主要产业的技术水平基于经合组织的研发强度指数。笔者认为，更依赖廉价劳动力和原材料的低层次产业，例如家具、纺织品、橡胶和金属制品所占份额可能会继续下降，而贸易壁垒和新冠肺炎疫情可能会加速这一进程。与此同时，对于信息和通信技术产品、电子产品、机械和设备等高科技行业而言，尽管受到外部

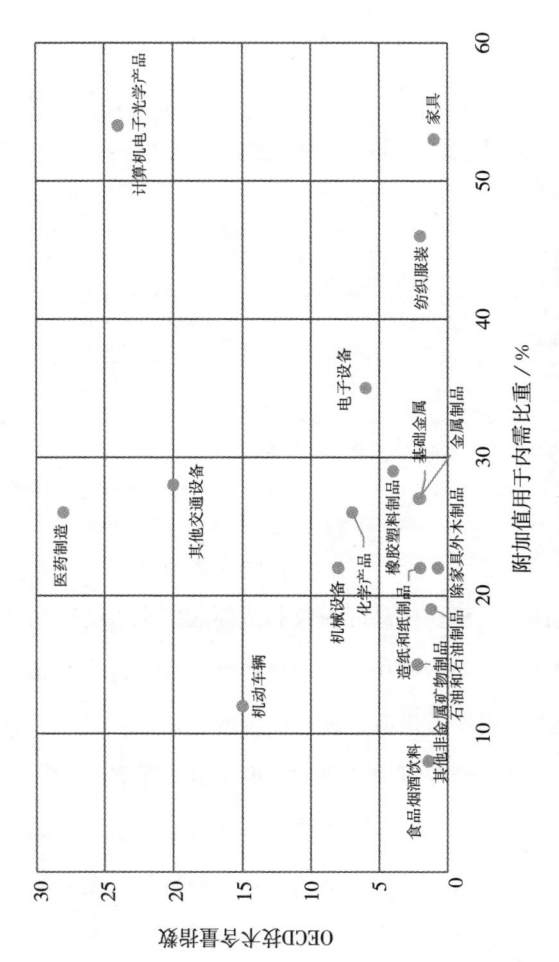

图4-13 制造业各行业受外需和技术水平的影响程度

数据来源：OECD，附加值贸易数据库

需求的影响相对较大，但其供应链不太可能完全迁出中国。这些行业将有更多企业采取"中国+1"策略，即选择在中国之外的另一个国家也布局部分生产和投资，以分散供应链风险，同时依然能够利用中国在制造业领域的优势。

尽管近年来中美紧张局势升级、全球外国直接投资流入下降，但我国的外国直接投资流入继续稳定增长。此外，近年来，越来越多的外国直接投资流入高科技产业，有助于推动中国的产业升级。2019年，我国流入高科技产业的外国直接投资约占外国直接投资总额的28%，增长超过25%，明显高于外国直接投资总额5.8%的增速，这在一定程度上应归功于政府在改革开放方面的不断推进。例如2018年，在我国取消对特种用途车辆和新能源汽车行业的外资持股限制后不久，特斯拉宣布投资500亿元在上海新建一家工厂，这是上海有史以来投资最大的外资制造业项目。2018年和2019年，政府分别取消了对下游和上游石油及天然气行业的外资所有权限制，也激励了包括英国石油和荷兰皇家壳牌在内的许多全球石油及天然气巨头拓展中国业务。这两个例子表明，我国进一步开放更多行业，从而有效地稳定了外国投资，甚至增加了外资企业对我国中高端科技产业的参与度。笔者认为，政府未来还会加大开放力度，以加大利用外资的力度，继续将产业升级至高科技制造业。

此外，进一步的改革措施也有望在未来几年吸引更多的国内外私人投资。一个重要的内容是深化国企改革并为民营企业创造公平的竞争环境。2018年开始，国有企业的管理中逐渐采取了一些竞争中立原则，政府还承诺将向私营部门开放如电力、电信、铁路、石油和天然气等目前由国有企业主导的行业。笔者认为，应该采取更多措施为包括外资企业在内的私营企业创造公平的竞争环境，如减少国家补贴、提高产业融资透明度、进一步推动国有企业商业化。

加强知识产权保护也对吸引更多高科技投资至关重要。2018—2019年，政府在设立知识产权法院上取得了进展，由知识产权法院对专利案件和法律进行最终裁决和解释。此外，政府还大幅提高了对严重违反知识产权法规的处罚，包括禁止发行债券、使用其他金融工具或参与政府采购。由于研发已经成为国内企业商业活动越来越重要的部分，更好的法律保护和执行不仅会吸引更多外资进入我国高附加值行业，而且也将有利于保护国内企业的利益。

第4章 中美"科技战":如何突围

突破重围的武器

人才池加速追赶步伐

技术发展高度依赖人力资本,因其是主要生产要素。正如本书第1章所述,我国通过教育投资大力发展人力资本,取得了一定成绩。此外,人才储备主要集中在STEM领域,为科技创新提供了强有力的基础。2016年,我国STEM领域的高校毕业生人数达470万,位列世界第一,超过了排名紧随其后的6个国家(印度、美国、俄罗斯、伊朗、印度尼西亚和日本)人数总和,是美国STEM毕业生人数的8倍还有余。国内人才市场的巨大规模提供了充足的人才供应,使我国在推动创新技术方面具有一定优势。

如图4-14所示,尽管我国的劳动力素质有一定提高、人

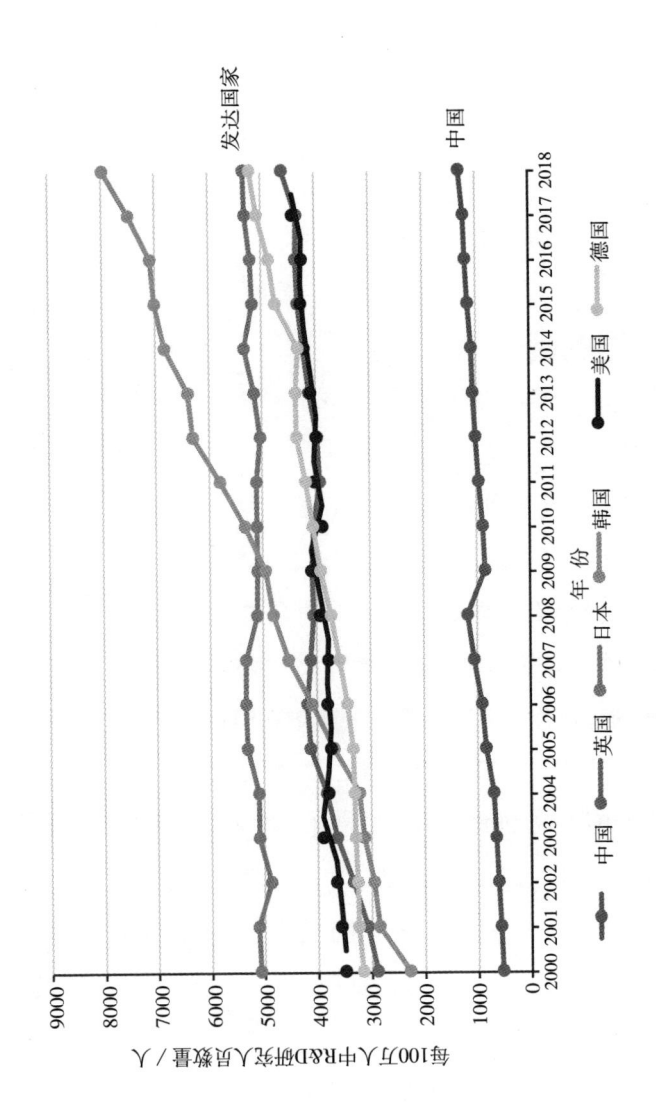

中国经济增长的关键：科技创新与新基建

图4-14 各国每百万人中R&D研究人员数量历年对比（2000—2018年）

数据来源：世界银行

才储备相对充裕，但在高素质人才和研究人员密度方面，我国仍然落后于其他发达国家。如图4-15所示，根据世界银行的人力资本指数（World Bank's Human Capital Index，该指数根据包括预期受教育年限和平均考试成绩等人才素质对各国进行排名），中国位列第二个四分位数处，远远落后于美国等发达国家、亚洲部分国家（新加坡、日本、韩国）和欧洲部分国家（德国、英国、爱尔兰）。

科技战对人才的影响已经显现。在某些敏感研究领域（如计算机科学和人工智能），我国学生受到签证限制，从而导致学业中断或取消。我国赴美参加会议的研究人员和学者也面临着类似的问题，他们的签证申请受到越来越多的审查或拒绝。这使我们不禁发问：美国是否仍可以作为我国获取知识的主要目的地？在全球教育机构排名的比较中，美国显然是全球顶尖教育机构排名中颇具吸引力的国家之一，在不同排名机构的工程和技术领域排名前50家的教育机构中，美国占24%～48%。尽管美国在排行榜上占据主导地位，但仍有其他发达国家可作为学生和研究人员的高质量替代求学地。尤其是欧洲（英国、德国和爱尔兰）和东亚发达国家（新加坡、日本和韩国），其在工程和技术方面的顶尖教育机构份额分别占20%～26%和6%～14%。

在一些前沿技术领域（如AI），我国明显落后于美国。如图4-16所示，美国是AI人才的世界领导者（由一位在过去10

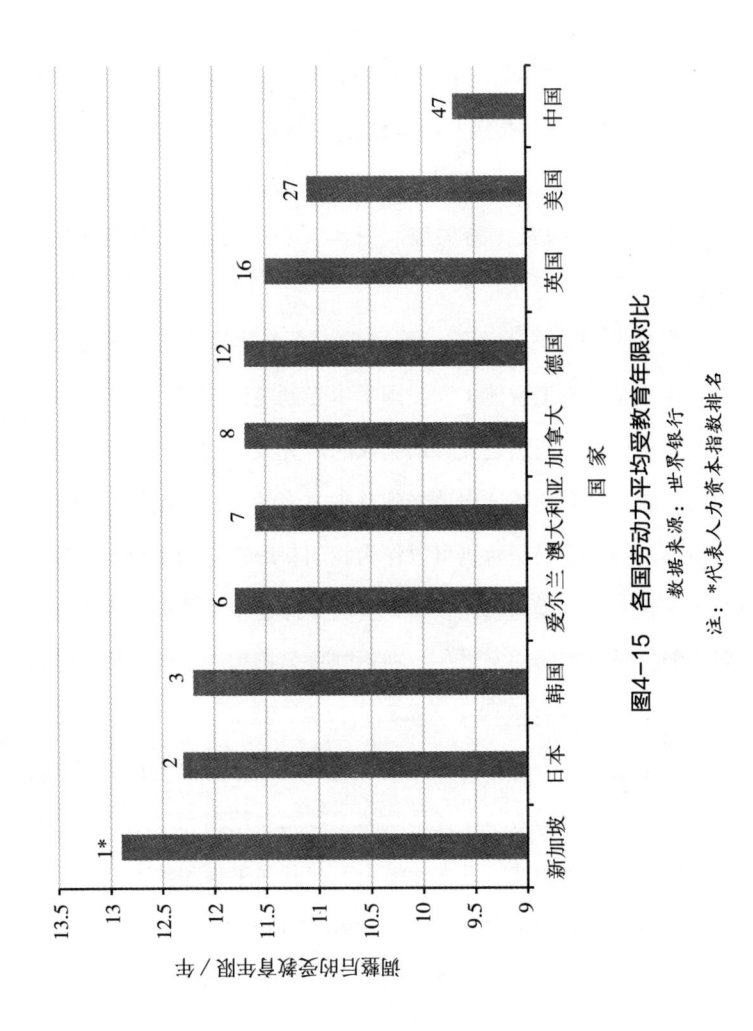

图4-15 各国劳动力平均受教育年限对比

数据来源：世界银行

注：*代表人力资本指数排名

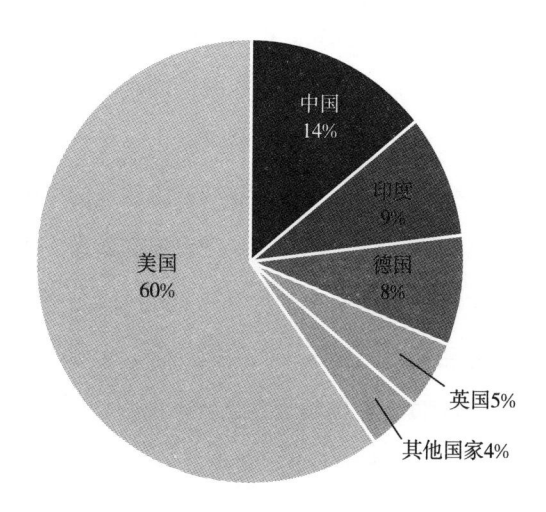

图4-16　各国顶尖人工智能人才数量分别占全球比例
数据来源：《2018中国人工智能发展报告》（清华大学）

年内为AI重点论文或专利做出贡献的研究员定义）。事实上，我国多家大型科技公司在美国设立了AI研究实验室，如阿里巴巴和百度（硅谷）、腾讯（西雅图），以挖掘美国本土人才。在我国，相邻行业的企业也需要高层次的AI人才，如自动驾驶（2017年滴滴）、电信（2011年华为）等，它们也在硅谷设立了研究实验室，凸显了我国科技企业在高素质人才方面的匮乏和需求。随着中美紧张局势升级，这也暴露了我国科技企业之前过度依赖美国而带来的风险。

虽然我国在人工智能人才方面的排名仅次于美国，但为了满足对高质量人才的需求，我们仍可以将目光投向其他发达国家，如东亚（新加坡、日本和韩国）或欧洲（英国和德国），这些国家在人力资本指数上排名较高，也是人工智能人才库的重要组成部分。事实上，一些前沿技术领域的中国公司已经开始在这些国家建立研究实验室，在发掘高质量人才的同时，抵冲可能发生的中美技术"冷战"带来的风险。例如，作为锂电池生产（电动车的关键部件）的领导者，宁德时代新能源科技有限公司（CATL）在德国建立了研发中心，华为在德国、日本和芬兰等多个国家建立了研发中心。

基础设施和规模经济创造有利条件

企业持续健康发展，离不开相关政策的支持。为了不断提升企业科技创新能力，要持续落实好各项帮扶政策。知识产权保护是创新驱动发展的"刚需"，不仅可以激发人们从事科技研究和文艺创作的积极性，而且有助于为企业营造公平竞争环境。我国知识产权战略实施以来，知识产权发展取得显著成效，笔者相信，政府将继续在知识产权保护方面加力，以推动建设创新型国家，建立知识产权强国。

从技术角度来看，基础设施建设支撑着下一代移动通信的实现，越来越多的国家竞相部署5G网络，为下一次工业革命做

第4章 中美"科技战":如何突围

好准备。5G新型基础设施建设(华为是行业领导者)一直是美国质疑我国技术能否应用于下一代高科技产品的关键。美国已向其他国家施压,要求它们也如同澳大利亚、日本和新西兰一样,以为国家安全考虑为由拒绝同华为合作。然而,华为有先进能力和较低成本的行业优势,根据新华社2019年6月6日的报道,它已获得在30个国家建设5G基础设施的46份合同。在国内,随着我国与美、英、韩等其他国家运营商紧锣密鼓地进行5G商用部署,并逐渐将5G网络覆盖全国,我国率先在全国范围内开始5G商用,这将助益下一代技术(如物联网和自动驾驶)研发。

规模经济使我国在技术追赶上具有优势。新工艺、新产品的成果转化不断提升企业竞争实力,助力其转向国内市场进行测试并持续创新。此外,我国还具有相对优势,不仅有大量数据可供使用(这是人工智能发展的关键因素之一),而且也越来越看重对公民数据的收集。

庞大的市场创造需求拉动

我国能否实现依靠创新驱动的内涵型增长,关键因素之一是采用率(即中国企业或外部市场是否准备好升级,并将人工智能等前沿技术融入其工艺和产品中)。如果我国能为技术找到市场，消费者增加对尖端技术的需求，企业就能加力对产品进行研发创新，进而形成良性循环。可以说，我国的高市场渗透率和庞大的人口规模，是数字经济准备就绪的一个信号。如前文所述，截至2020年年底，我国互联网用户已经达到9.89亿。根据工信部的数据，2017年中国已突破每百人100部手机的拥有量，2020年每百人平均拥有113部手机，这已与其他同样跨过这一门槛的发达国家不相上下，意味着对发展数字经济，我们已有充分市场准备来应用新技术。

由于国内需求规模庞大，我国是许多高科技产品的主要市场。例如，在电动汽车领域，我国一直占据全球需求的一半以上。国内市场对技术不断增长的需求刺激着企业研发新技术。

《经济学人》智库开发的自动化准备指数（Automation Readiness Index）通过三个维度——创新、教育和劳动力市场，衡量各国应对新一轮智能自动化浪潮的能力水平。在这项研究的25个国家中，我国在市场准备度方面的得分高于平均水平，是中等偏上收入群体中得分最高的国家。随着我国在技术创新方面的不断进步，即使美国对中国关闭大门，我国的产品也可以转向国内市场，抑或转向其他发达国家。

中美贸易紧张局势升级，可能导致中美之间产生技术标准分歧，美国遏制中国市场准入。不统一的制度和标准将带来市场低效，因为全球公司需要为每一种产品提供专属服务。此外,美国在全球范围内限制市场准入的行动(例如对盟国施加压力,要求其拒绝华为的5G技术),使中国企业在新技术领域面临另一风险。尽管有如此多的政策障碍,市场在资源配置中仍有决定性作用,企业可以凭借低价高质抢占市场。华为就是一个很好的例子,尽管美国施压,一些国家仍选择继续与华为合作。

加大对研发投入和民营经济的政策支持

政府为研发支出提供财政支持,基本上有两种方式,一种是直接补贴,另一种则是税收优惠等间接措施。根据OECD的研究,合理设计的税收优惠政策有助于鼓励研发投资,促进创新活动,从而推动长期经济增长。

首先,研发税收优惠会增加企业的研发投资。例如,地方经济发展研究中心在2015年对来自英国和世界各地的证据进行了系统性审查,以研究研发税收抵免的因果影响。该研究发现,在17项试验中,10项显示正相关关系。研究还发现,至少在西方经济体中,小型企业更有可能从税收抵免中获益。其他研究对税收优惠增加研发投资进行了估算。Parsons和Phillips在2007年的一项研究中,根据美国、加拿大和其他经合组织国家1990—2006年的数据发现,一般来说,研发成本降低10%,研发投资可能会增加10.9%。Westmore在2013年的另一项研究发现，从长远来看，研发激励水平每提高6%，研发投资就可能增加6%左右。此外，从计量经济学估算角度还有证据表明，研发成本对研发投资的长期影响更甚于短期。

其次，研发税收优惠对创新产出也有积极影响，包括产品和工艺创新数量、创新产品销售额、专利数量和"明星科学家"数量等方面。过去多项研究均发现了二者的正相关性。例如，Dechezleprêtre等根据英国企业的行政税收数据，证明了研发税收政策在增加创新方面的积极作用。

再次，技术升级和创新还有利于推动生产率和经济的增长。研究发现，研发税收优惠与生产率之间存在积极联系。根据OECD《2015年OECD创新战略》，创新对生产率增长的影响有多重渠道。这包括：技术进步带来的实体资产的升级，例如信息和通信技术等；研发、知识产权、企业特定技能等的知识资本（KBC）增加；流程和组织创新等创新带来的劳动力和资本利用效率的提高；推动新企业进入市场，以低生产率取代旧企业，从而推动总生产率增长。

研发税收优惠分为基于研发支出的税收优惠待遇和基于研发活动带来的收入提供的税收优惠政策。根据OECD的研究，基于支出的税收激励（expenditure-based scheme）对研发支出、创新产出以及生产率和经济增长有积极影响，而基于收入

（income-based scheme）的税收激励则缺乏这些方面有效性的足够多的实证证据。事实上，我国在推进研发税收优惠政策上做出了长足的努力。基于支出的税收激励目前包括研发费用加计扣除比例、研发设备购置免征增值税和加速折旧、10年亏损结转年限、职工教育经费8%税收抵免等激励措施。

其中，研发费用加计扣除比例于1996年出台，当时只适用于国有或集体企业，2003年扩大到整个工业部门，2006年进一步扩大到所有行业，并在2008年被正式列入《中华人民共和国企业所得税法》。2017年5月，中小企业加计扣除比例由50%提高到75%；2018年9月，这一比例从中小企业扩展至所有企业；2021年政府工作报告提出将制造业企业加计扣除比例提高到100%。科技型中小企业和高新技术企业亏损结转年限从5年延长到10年。我国还推出了一些基于收入的税收优惠政策。例如，技术转让所得在一定数额内免征所得税和增值税。对高新科技企业、软件和集成电路企业等，也推出了专门的优惠税收待遇。在这些税收激励下，2000—2017年，我国的企业研发支出快速增长。2017年，在主要经济体中，以2010年不变价格计算，美国和中国的企业研发支出分别达到3540亿美元和3450亿美元，排名第一和第二。

"1-b指数"是一个计算研发税收补贴金额的指标。其中，b指数定义为企业在一个边际单位的研发支出上实现盈亏平衡所需的税前收入，1-b指数即隐含税收补贴率。1-b指数大于0时，意味着对每1美元研发投入进行了税收补贴；1-b指数小于0时，则意味着每1美元研发投入带来了税收负担。2008年，当超额扣除率正式纳入所得税法并出台了系统的框架后，我国的税收补贴大幅提高。2017年，中小企业研发费用免税额由50%提高到75%，盈利和亏损中小企业的1-b指数分别上升到0.23和0.19，企业研发支出补贴取得一定进展。然而从全球来看，与法国、韩国甚至巴西等国相比，中国仍然有提升空间。

相比许多发达国家和发展中国家，我国仍有继续努力的空间。我们使用经合组织的数据库，将中国与35个经合组织和7个非经合组织国家（巴西、保加利亚、哥伦比亚、塞浦路斯、罗马尼亚、俄罗斯和南非）就税收激励在企业研发支出和在GDP中的占比进行了比较。在2016年实施税收优惠的经合组织和非经合组织国家（巴西、中国、俄罗斯等）中，中国仅排在第25位，低于中值水平。从2009年（中国可获得的最早数据）到2016年（大多数国家可获得的最新数据），中国的税收优惠在企业研发支出中的比例大致保持在4%左右。2016年，通过税收优惠对企业研发提供最多支持的国家是比利时和爱尔兰，分别占GDP的0.3%和0.25%。而相比之下，2009—2016年，我国税收优惠占GDP的比重仅从0.05%小幅上升至0.06%，仍落后于大多数经合组织国家。

通过与其他国家对比，笔者认为可以重点从以下几个方面完善税收优惠政策：

第一，进一步提高加计扣除比例，降低所得税税率。例如英国政府为鼓励中小企业研发投入，采取了针对性的加计扣除优惠政策，该比率从2000年的50%提高到2008年的75%，于2011年提高至100%，2012年提高至125%，2015年则进一步提高至130%。在此期间，英国的1-b指数从2001年的0.11一路上升到2018年的0.27。英国税收优惠占企业研发投入和国内生产总值的比例也增长了20多倍。相比之下，我国在过去10年已经将该比率从50%提高到75%；2021年的政府工作报告提出将制造业企业加计扣除比例提升至100%。但与其他国家（例如英国）相比，还有提高的空间。此外，15%的所得税率也可以进一步降至10%左右。

第二，应推出更多针对中小企业和初创企业的税收优惠。一般来说，研发税收优惠在一定程度上对潜在的新进入市场者是不友好的，因此可以考虑对中小企业采取针对性的税收优惠。与日本、韩国对中小企业或高潜力企业提供更高的税收抵免相比，我国不论企业规模大小，对所有企业采取统一的扣除比例。在英国，符合条件的新创办公司可以获得相当于研发费用一部分的现金退款，而我国还没有类似对初创企业的补偿措施。政策制定者可以考虑继续将中小企业的加计扣除提高到

120%。对没有产生足够利润来充分利用免税额度的公司,也可以考虑采取退款补偿措施。

第三,税收优惠企业不应局限于特定行业,而应扩大至所有研发活动的企业。我国的研发激励大多只适用于高新技术行业或部分特定行业的企业(如软件、集成电路等)。而在许多国家,不论行业,参与研发活动都得到了税收优惠激励。高新技术企业当然是开展研发活动的主体,但其他行业开展与创新和技术升级有关的活动也不应被忽视。事实上,近年来,许多行业的专利产量出现了较快增长,这意味着税收优惠的范围应该扩大到所有行业。

第四,应考虑采取一些中长期的改革措施。首先,政策制定者应该考虑从单一的基于总量的方案转向更多样的混合税收激励方案。基于总量的方案(volume-based scheme)是指基于研发支出总额的方案;基于增量的方案(incremental scheme)则是在基准年基础上,基于增加的研发支出的方案;混合式方案(hybrids scheme)则是二者的结合。有研究表示,增量的研发税收优惠方案相较于基于总量的方案,更有利于支持企业的研发支出。许多发达经济体,例如美国和韩国等,都使用增量式或混合式方案。在中长期的发展规划中,我国也可以寻求向混合式方案转型,以更好地促进税收激励。此外,决策者应考虑进一步扩大以支出为基础(expenditure-based scheme)的税收激励政策。经合组织的研究显示，应谨慎对待基于收入（income-based scheme）的税收激励，因为目前还没有足够的证据证明其有效性。基于收入的税收激励方案可能更利好老牌和跨国大公司，但是对小型或初创企业则不够友好，这也会促使公司更专注于保护知识产权的研究，而非以应用为导向的研究。从国际上看，只有比利时、法国、葡萄牙等15个经合组织国家以及中国和俄罗斯采取了基于收入的税收激励政策，日本和美国等其他国家则只采用了基于支出的政策。

除了针对企业研发支出的政策激励，加大鼓励民营经济的发展也将助力创新的发展，这也是重要的一环。民营企业对中国经济的贡献远远超过国有企业。如图4-17所示，我国民营企业贡献了70%以上的GDP、70%的专利和80%的城市就业。持续加大减费让利力度，削减企业税，增加对高效民企信贷配给的政策，以及基于"竞争中性"原则的结构性改革，将在未来几年促进中国创新发展。我国有望通过鼓励创新，尤其在生产高效的部门进一步推动经济持续发展。例如近年来，我国将各行业增值税税率降至9%~13%，减轻企业税负20万亿元。企业可以将享受减税降费政策节余的资金投入新产品、新技术的研发，加快企业创新和转型升级。中国人民银行也推出了新的利率政策工具，例如为加大对特定行业小微企业、民营企业的金融支持力度，创设定向中期借贷便利（TMLF），以及采用有的放矢、双管齐下的方式增加对民营企业的贷款，以此放松信贷，促进国内私营部门的发展。此外，政府还致力于推动"竞争中性"原则，在国有企业和私营部门之间建立公平竞争环境，促进竞争性增长，激励创新，并给予民营企业公平的市场准入机会。这些扶持政策均将有助于我国在未来几年继续促进创新发展。

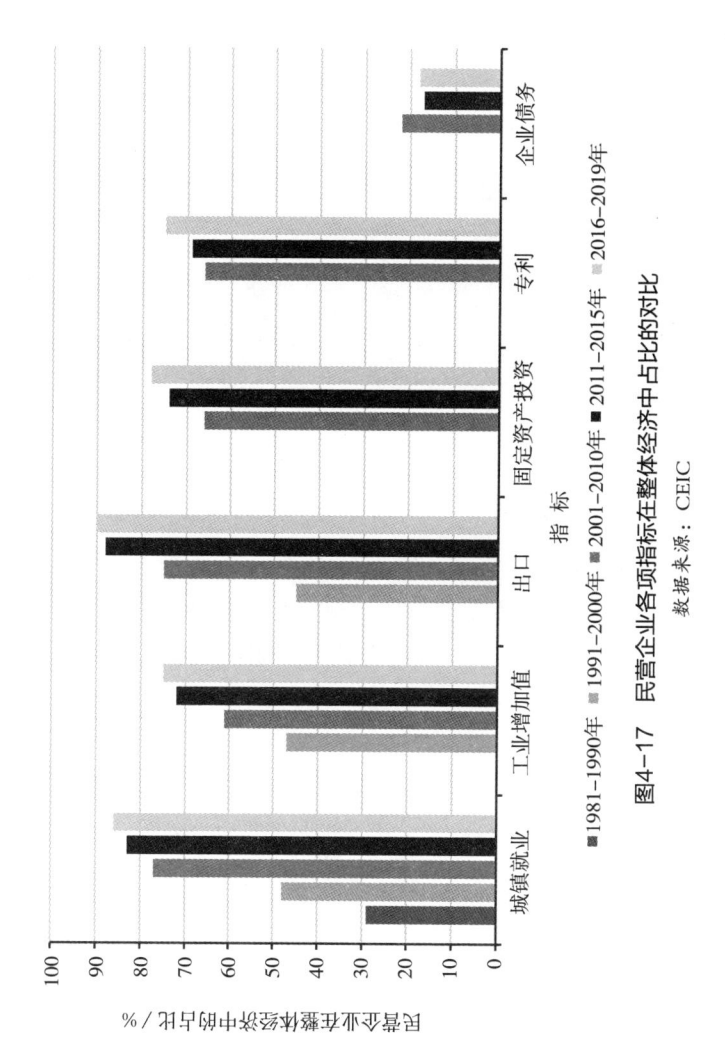

图4-17 民营企业各项指标在整体经济中占比的对比

数据来源：CEIC

第 5 章

基建投资：联通创造力

众所周知，我国经历了长达10年的基建热潮，并由此带来了债务积累。但大家忽略了的是，无论是传统基建还是新基建，二者的快速发展均对生产率增长带来了积极的溢出效应。基础设施建设将为未来几年我国转向生产率驱动型经济增长模式铺平道路。

第 5 章　基建投资：联通创造力

"要致富，先修路。"2008年全球金融危机之后，为应对疲软的全球需求，基础设施支出出现了较快增长。在接下来的10年间，基础设施投资年均增长18%。这一长达10年的基建热潮主要靠债务提供资金，因此我们也可以理解，关于基础设施的批评大都聚焦于由此导致的债务积累所带来的影响。但事实上，我国基础设施能力迅速提高所带来的生产率溢出效应却被忽视了。

基础设施为生产率和创新提供了渠道，为进一步的经济发展提供了必要的工具。高质量的基础基建设施是维持劳动力健康的必要条件（例如清洁水、卫生设施和电力的供应），而更加先进的交通基础设施则可以节省时间和成本，并带来有利的网络效应，从而提高效率。信息通信技术基础设施可以极大地提高创新能力。因此可以说，基础设施不仅是经济持续发展的必要条件，而且由于它与生产率提高形成互补，它也是经济增长的动力。笔者认为,我国过去10年的基建热潮带来的有利溢出效应势必在未来几年显现。强大的基础设施叠加高质量的人力资本,将有助于引导我国走向生产率驱动型经济增长模式,带来未来几年的经济持续增长。

第 5 章 基建投资：联通创造力

基础设施的巨大飞跃

2019年的世界经济论坛全球竞争力指数显示，中国的整体基础设施在2009—2019年得到了迅速完善，从2009年在152个国家中排第66位，跃升至2019年的第36位。这反映出我国对基础设施投资的大力推进。基建投资大致可分为两大类：基础基建设施（包括水和卫生、电力供应、交通等基本必需品）和新兴基建设施（如信息和通信技术）。从基础基建设施来看，我国已迅速达到中上收入国家的水平，甚至在某些方面已经赶上高收入国家。

水和卫生基础设施已达到较高水平

能够获得清洁水和卫生基础设施，是人口健康增长和低死亡率的必要条件。我国卫生基础设施的普及度不断提高，2007年已跨过中上收入国家的门槛，与高收入国家平均水平的差距也不断缩小（见图5-1）；获得基本饮用水的能力也不断上升，但相较之下，我国在这方面的能力介乎中等收入国家与中上收入国家之间，仍有一定的改善空间（见图5-2）。

电力基础设施已经实现全覆盖且运行稳定

在电力供应方面，我国已经与高收入国家齐头并进，于2013年实现了全覆盖（见图5-3）。稳定的电力供应有助于企业的成长和发展。我国用电损耗占输出电力的比例约为5%（分析用电损耗占输出电力的百分比，是衡量电力效率的一种方法），这表明我国电力效率较高，甚至高于高收入国家的平均水平（见图5-4）。

交通基础设施迅速发展

我国的交通基础设施迅速发展，出行方式逐渐多样化。交通覆盖面呈指数级增长，特别是航空和铁路，2008—2018年这10年间的增长超过了之前的40年。其中，中国的公路长度增加了110万千米，达到480万千米，增幅近30%。同期铁路长度增加

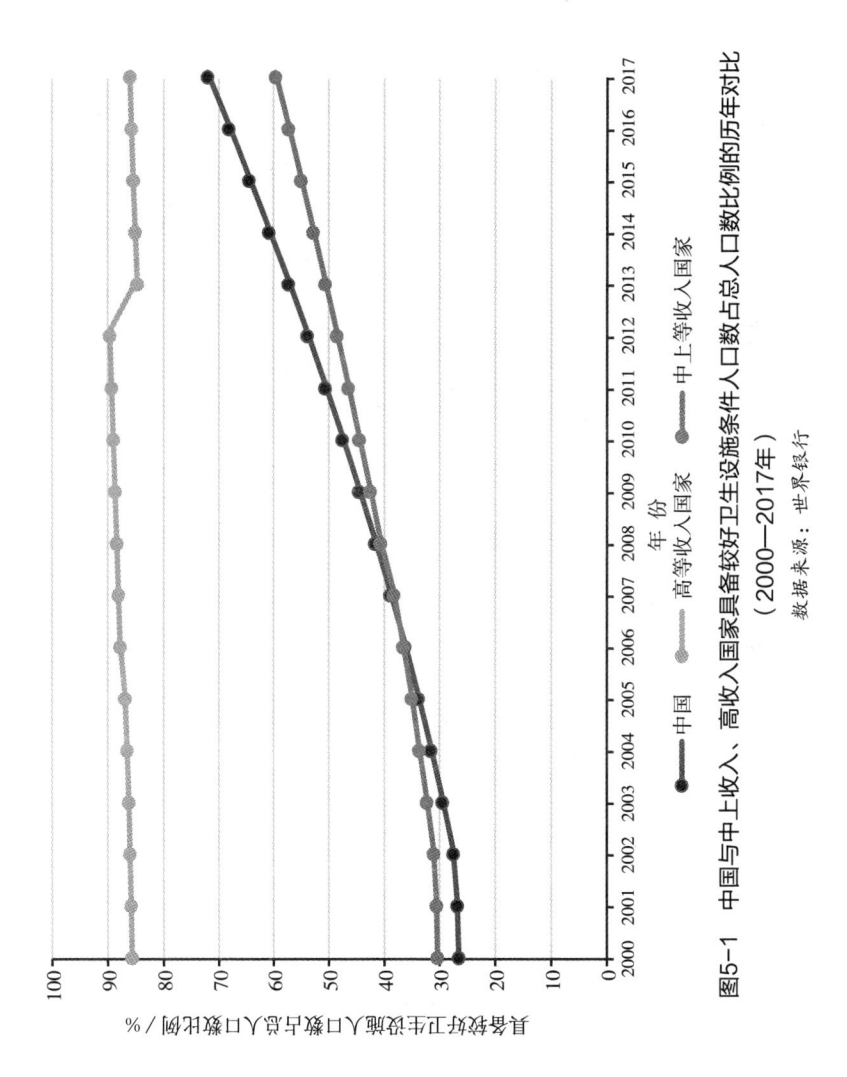

图5-1 中国与中上收入、高收入国家具备较好卫生设施条件人口数占总人口数比例的历年对比（2000—2017年）

数据来源：世界银行

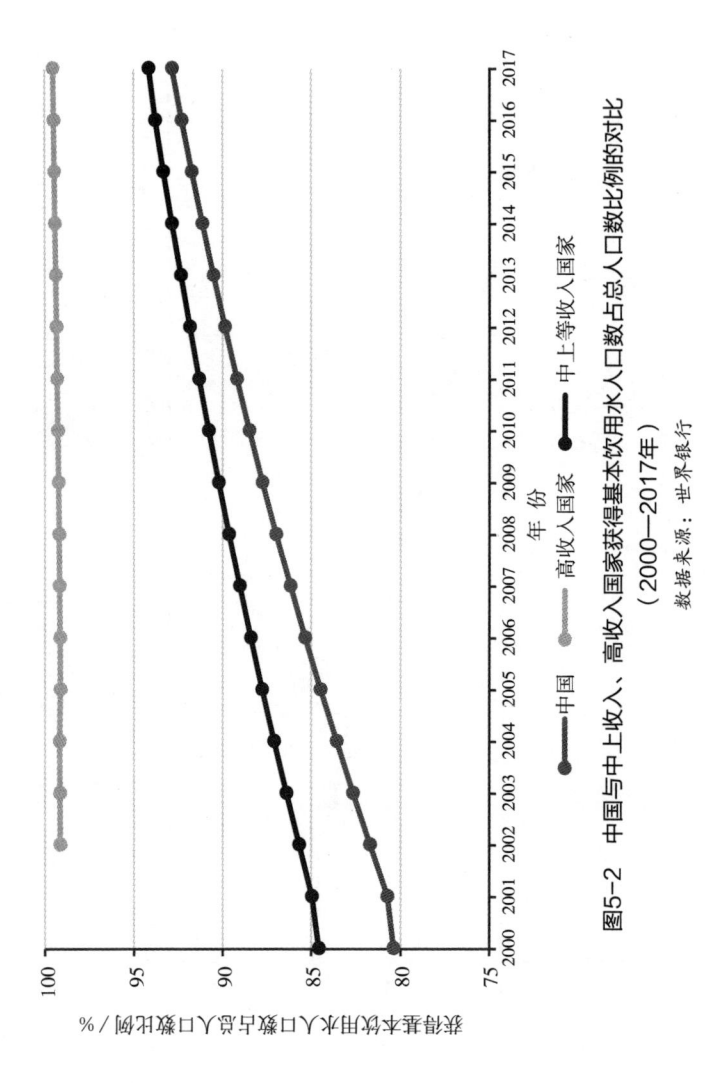

图5-2 中国与中上收入、高收入国家获得基本饮用水人口数占总人口数比例的对比（2000—2017年）

数据来源：世界银行

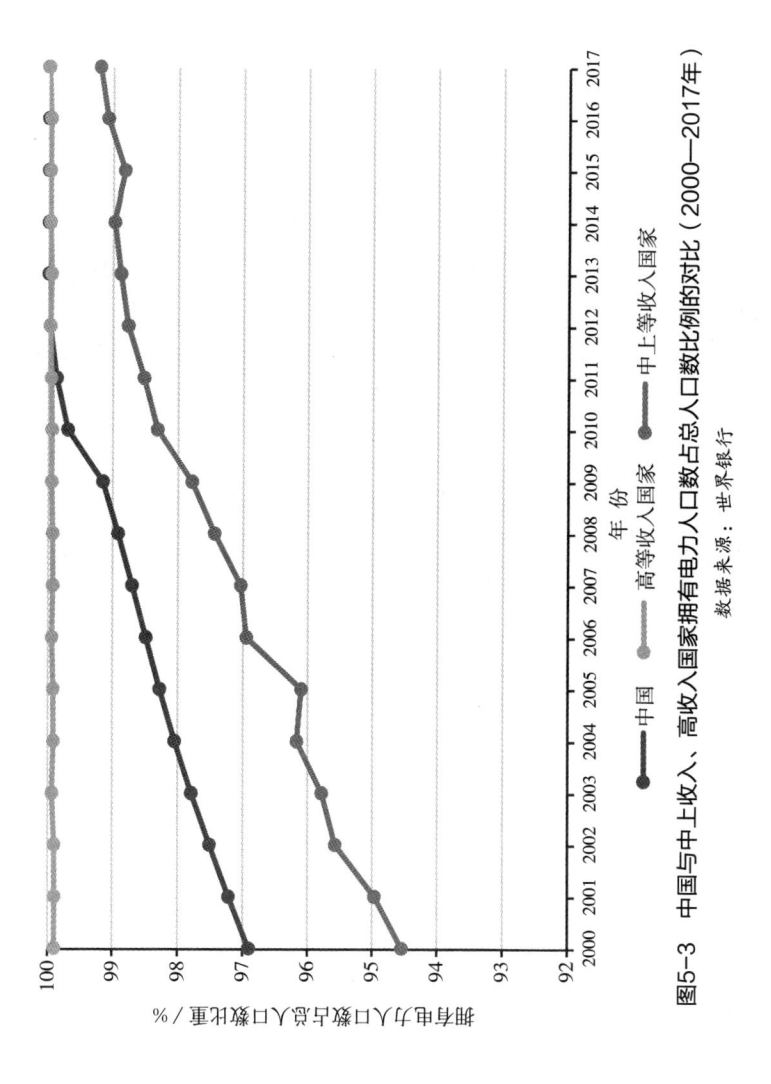

图5-3 中国与中上收入、高收入国家拥有电力人口数占总人口数比例的对比（2000—2017年）

数据来源：世界银行

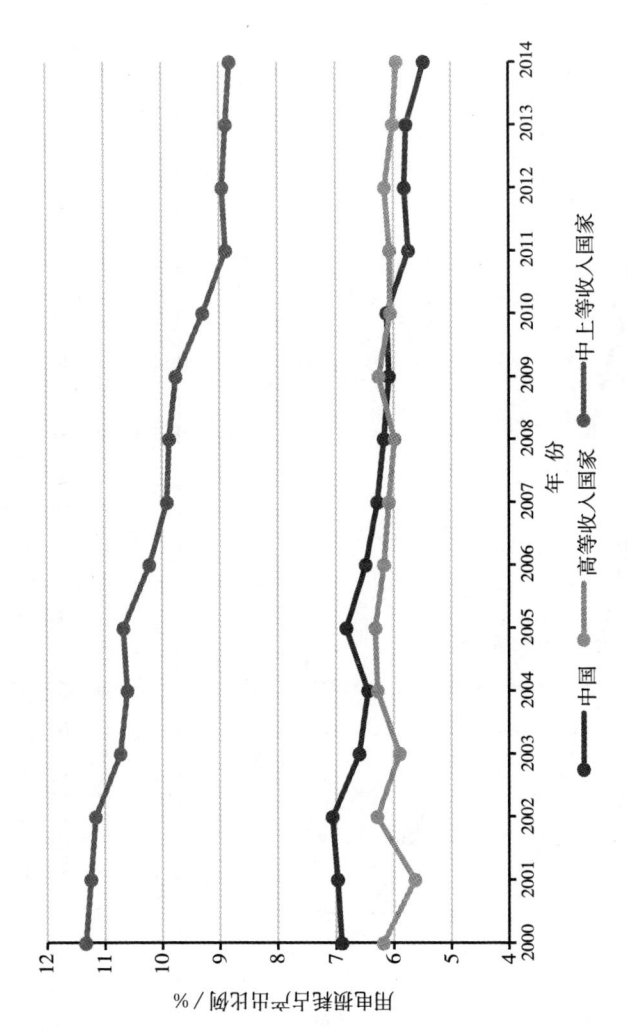

图5-4 中国与中上收入、高收入国家用电损耗占总产出比例的对比

数据来源：世界银行

51964千米，至131651千米，增幅达到65%。航线长度增长则更为显著，增加了590万千米，增幅340%。2013年，航线长度超过公路长度，2018年达到840万千米。随着航线的发展，我国的航空旅客周转量呈指数级增长，成为世界航空旅客周转量第二高的国家（见图5-5）。

我国地铁覆盖面同样实现了指数级增长。2008年，全国只有10个城市提供地铁服务，运营线路总长度803千米。2019年，全国已有34个城市的地铁系统投入运营，运营线路长度为2008年的5倍多，达到4657千米。值得一提的是，就每单位土地面积的覆盖面而言，我国的地铁长度覆盖密度仍然落后于高收入国家，因此仍有提升空间。

我国高铁网于2008年才启动，正好赶上北京奥运会，但是发展并没有止步于此。起初，我国通过合资企业从日本、德国等国引进高铁技术，发展了高铁网。从2009年发展到2019年，中国的高铁网规模已经全球最大，占全球高铁网的近2/3（见图5-6）。自2008年以来，高铁线路长度年均增长46%。值得注意的是，从我国全国铁路网来看，高铁网络占比也有所上升，占中国全部铁路网约1/4（见图5-7）。

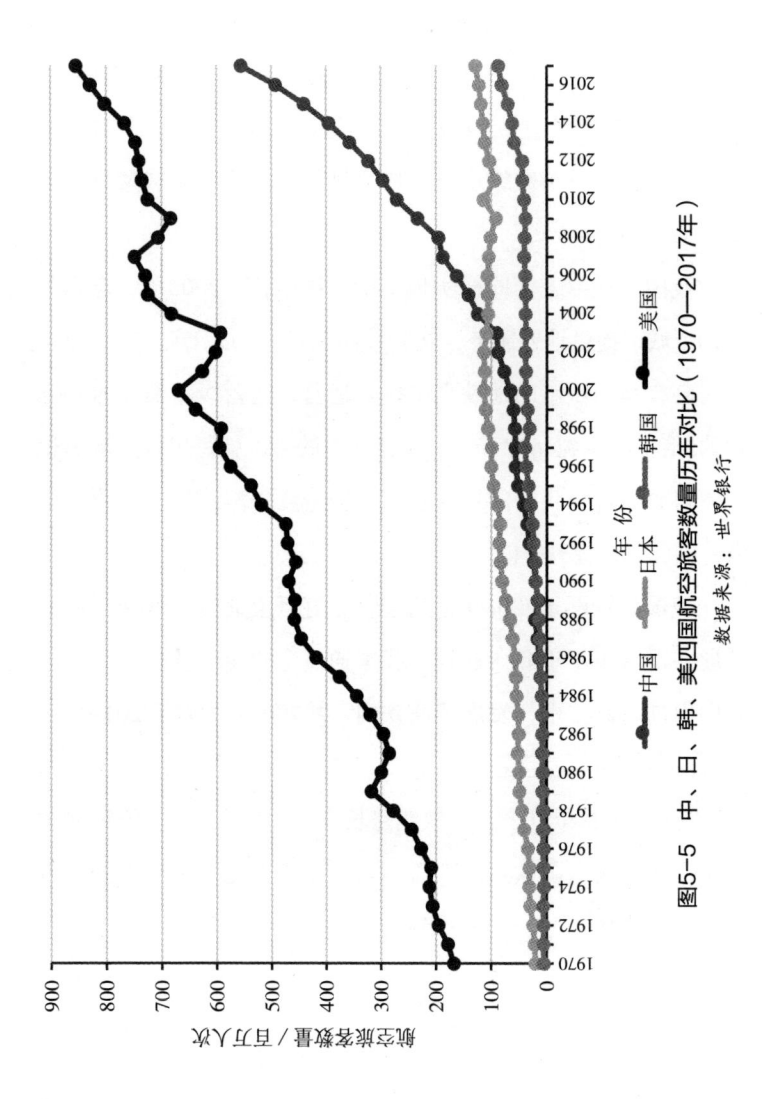

图5-5 中、日、韩、美四国航空旅客数量历年对比（1970—2017年）

数据来源：世界银行

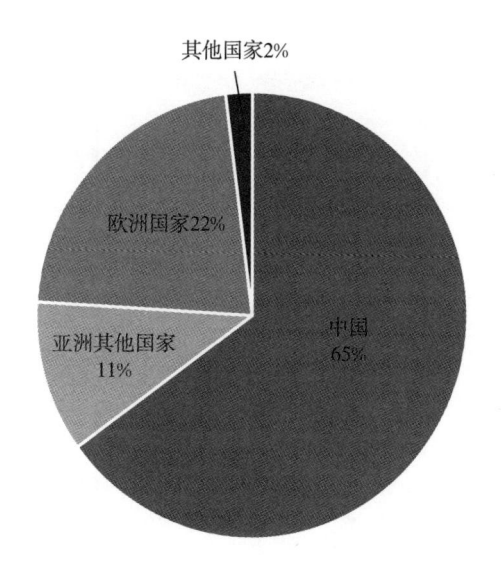

图5-6 中国与其他各洲国家高铁网络分别占全球比例
数据来源：国际铁路联盟（UIC）

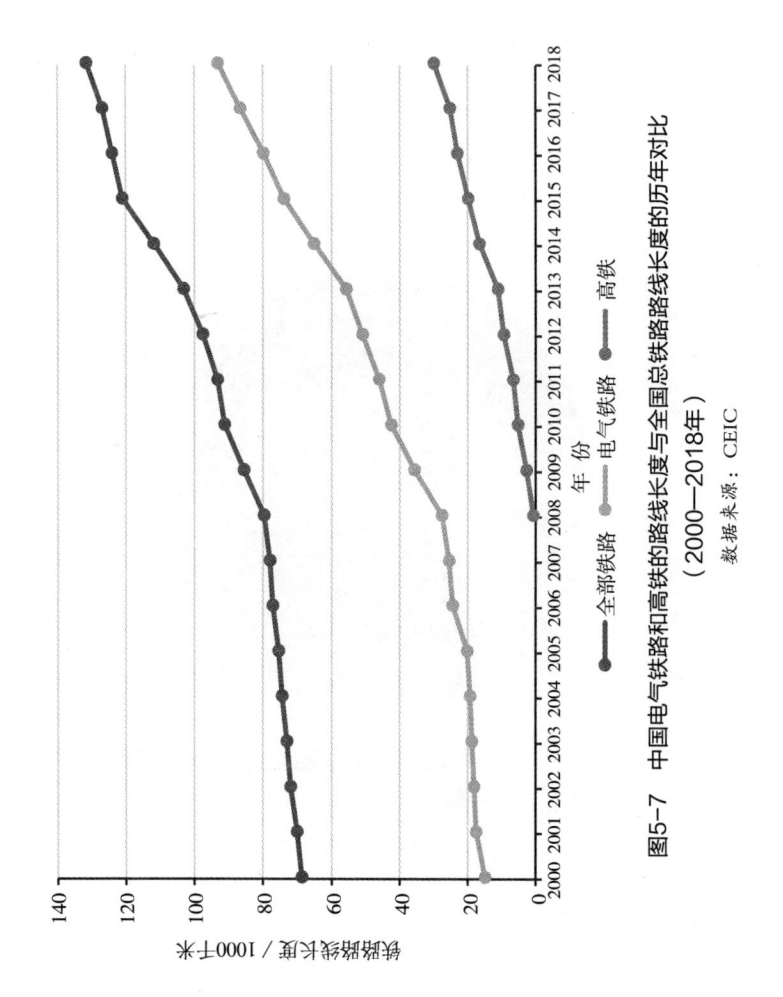

图5-7 中国电气铁路和高铁的路线长度与全国总铁路路线长度的历年对比（2000—2018年）

数据来源：CEIC

快速追赶的信息科技基建

亚洲开发银行进行的一项有关基础设施发展的研究发现，公路、水和卫生基础设施等基本基础设施在一国发展的早期阶段最为重要，信息和通信技术等先进基础设施则与发达国家的发展呈正相关。鉴于中国目前已经是中上收入国家（按人均国民总收入计算），且基本基础设施已达到较高水平，先进的基础设施应将成为经济增长的强大动力。

除了基本基础设施，我国信息和通信技术基础设施的发展也非常迅速。2017年，我国的手机普及率突破百人百部大关。假设手机平均分配，这表明中国已实现手机全覆盖。除了手机，宽带接入水平也一直高于中上收入国家的平均水平，且近年来与高收入国家平均水平的差距不断缩小。2018年，我国每100人中就有29人使用宽带。

此外,我国还专注于5G等前沿技术的开发。我国是首批开发和测试5G网络的国家之一,也是首批在2019年6月颁发牌照推出商用服务的国家之一。根据工信部2021年1月26日发布的最新统计数据,截至2020年年底,我国开通5G基站超过71.8万个,实现了所有地级以上城市的5G网络全覆盖,5G终端连接数超过2亿。

基建发展的正溢出效应

由于基础设施投资需要大量的前期投资，但在短期内很难实现收入（即使有收入，金额也较小），这就意味着基础设施投资回报率往往较低。然而，简单的成本效益分析仅侧重分析高昂的前期成本和预期的收入流，忽略了基础设施发展带来的正外部性效应。从长远来看，为通勤者节省时间和成本、改善市场准入、推动公平竞争、加强思想交流和增强创新能力等，都有助于提高经济回报率。因此，考虑到正溢出效应及其与生产率增长的互补性，基础设施投资的实际效益可能比很多人预想的要高很多。

如同房子的框架，我们可以把基础设施看作是发展的基础。毕竟，如果一个国家没有基本的基础设施，比如水和卫生基础设施，它的民生就会受到影响，劳动力的稳定性也会受到威胁；同样，更先进的基础设施，如可靠的电力供应、先进的交通（高铁、航空旅行）、信息和通信技术基础设施，则可以通过提高生产率，为经济发展提供跳板。

以高铁为例。世界银行一项针对中国高铁发展的研究显示，1989—2018年的约30年里，其财务内部回报率为5.5%。然而，这项研究仅仅关注了直接成本和收入。如果考虑到额外的经济效益，回报率明显更高，年均回报率达到8%，某些高铁线路甚至高达18%。首先，高铁大大节省了通勤者的时间。高铁提供了一种可靠、优质和快捷的城际交通方式。该研究发现，就需求而言，高铁在150～800千米之间的行程最具竞争力；对于800～1200千米的行程而言，高铁和航空旅行则具有同等竞争力。调查结果还显示，高铁上大约一半的交通流量与商务相关，这意味着高铁可以为对时间要求严格的商务旅行节省时间。具体来看，高铁的运行速度超过每小时300千米，比传统的电气化铁路快3倍多。北京到上海大约相距1200千米，高铁运行只需4.5个小时，而电气化铁路需要长达12个小时，时间接近3倍。尽管两个城市之间的航班仅需要2.25小时，但与通常位于遥远市郊的机场相比，铁路通常位于市中心，且成本更低，因此铁路出行更受欢迎。2018年，高铁的客运量比航空多3.4倍，电气化铁路的客运量比航空多2.1倍。一旦我们把往返机场的"门到门"时间考虑在内，高铁的速度也可以和航空旅行一样快。

其次，与汽车等其他交通方式相比，高铁可以节省运营成本。高铁可以通过增加交通流量来加强连通性，从而促进旅游业和商业发展。因此，交通的改善和商业活动的增加将会促进区域发展。高铁将人口密集与人口较少的城市地区连接起来，不仅不会牺牲城市化带来的效益，还能实现更均衡的劳动力分配，促进商业发展（见图5-8）。此外，通勤者用高铁代替汽车等污染更严重的出行方式，也会带来环境效益。虽然高铁的初期建设会产生巨额的环境成本，但根据世界银行的估计，从长远来看，随着更多人选择高铁出行，碳排放将会减少60%。

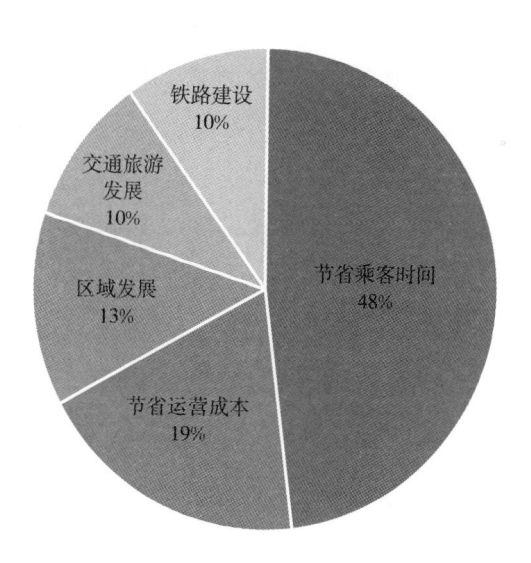

图5-8 高铁带来的各项经济效益占比

数据来源：世界银行

值得一提的是，高铁基础设施（以及许多其他形式的基础设施）的经济效益取决于规模经济。虽然建设的固定成本较高，但增量成本相对较低。随着越来越多的用户选择高铁出行，这将有助于显著提高经济效益和生产率。考虑到中国庞大的人口规模和高质量的基础设施发展，未来这些经济效益还将进一步增加。

先进的交通基础设施有助于节省时间和成本

先进的交通基础设施带来的其中一个好处，是节省通勤者的时间和成本。此外，交通拥堵带来了时间损失和对环境的影响，而更好的交通基础设施可以缓解部分由交通拥堵带来的压力。上文中，我们已经以高铁为例，阐述了其如何为旅客节省大量出游时间。高铁在我国铁路市场中的份额得到了迅速上升，虽然高铁的总长度只占铁路总长度的32%，但高铁承载了几乎一半的铁路旅客。由于高铁的速度更快，越来越多的旅客选择高铁出行，以便节省更多时间。

基础设施发展的网络效应连接各城市和地区

连接各城市和地区的交通基础设施可以带来积极的网络效

应。公路不仅在物理上连接各城市，随着商品贸易、思想和人员流动变得更容易，公路也将各市场连接起来。随着交通更加便利，以往交通欠发达地区的区域发展变得更加可行，这会产生一种有益的分配效应，可以平衡人口过于密集的城市地区与其他仍有大量劳动力和商业发展能力的城市。

对商业而言，交通发展和连通性可以带来直接的有益影响。第一，我国的货运周转量在2009—2019年翻了一番，如果没有一个连接各地区的广泛交通基础设施网络，货运周转量将无法实现这样的快速增长。第二，我国的劳动力流动性也大大提高，促进了城市化进程，有助于提振生产率增长。第三，各城市可以通过建立人才中心培养比较优势，从而使得各城市既具有专业化的比较优势，又能够更好地融入生产和供应链。

此外，加强连通性，改善市场准入，可以带来健康的竞争，这对创新和生产率增长也是必要的。将更多的竞争对手聚集在一起，将会迫使企业想办法脱颖而出，并提高效率。这样一来，消费者可以获得更有竞争力的价格（有利于刺激消费），而产品质量也会不断提高。

高科技基础设施有助于提高创新能力

我国的信息和通信技术基础设施迅速发展，在5G开发等部分领域已走在世界前列。通过为下一代技术提供必要的支持，高质量的信息和通信技术基础设施为更多技术应用敞开了大门，并鼓励创新和创业。例如，我国移动设备的高使用率使得支付宝和微信支付等无现金支付系统得以广泛应用。同样，2008—2018年，我国的电子商务也因互联网的广泛应用而蓬勃发展。电子商务占零售总额的比例从2008年的1%上升至2018年的24%（9万亿元）。

在推动5G商用网络的应用方面，我国通过加快联通和实时响应速度，加速了这一技术的发展。5G基础设施的具体产品也正在开发，这表明信息和通信技术基础设施能够刺激创新和经济活动。例如，华为于2019年10月发布了第一款支持5G技术的智能手机，以利用不断扩大的5G网络覆盖。

第 5 章　基建投资：联通创造力

基础设施：创新驱动发展模式的催化剂

我们再来看看其他国家是怎样发展基础设施，以及基础设施是如何支持其经济增长的。在20世纪六七十年代，日本将政策重点放在发展先进交通基础设施上。1964年，日本开发了首个高铁网；1978年，东京成田机场启用。这些交通方面的进步促进了日本国内和国际主要交通枢纽城市之间的连通性。在这段时期和随后10年间，日本经历了最快速的经济增长时期。

另一个基础设施发展与经济增长相辅相成的例子是韩国。20世纪90年代，韩国实施了一系列基础设施发展计划，以推进信息和通信技术基础设施的发展。到21世纪初，韩国的宽带普及率达到全球最高，现在仍然维持这一排名。韩国目前作为科技超级大国的地位，在很大程度上是因为早期注重发展信息和通信技术。今天的韩国以科技强国而闻名，生产着全球最先进的一些高科技产品（如机器人、半导体、智能手机等）。

日本和韩国都实施了积极的基础设施发展政策，但这也是与合理水平的禀赋因素相结合的结果，两国均以高质量的人力资本与基础设施发展相辅相成而闻名。在这段时期（日本的20世纪六七十年代到90年代，韩国20世纪90年代到21世纪初），两国的人力资本水平都非常高，随后人均GDP迅速增长（见图5-9）。我们相信，这绝非巧合。再加上促进创新的制度建设，如强大的知识产权保护和融资便利，创新和创业蓬勃发展的条件已然成熟，并促进经济增长显著加快。

我国的人力资本水平已达到日本和韩国在经济快速发展初期的水平。正如笔者在第1章所指出的，尽管劳动人口在减少，但考虑到强有力的教育体系及对STEM教育的重视，人力资本的质量将会进一步提高。加上2009—2019年这10年里，我国的基础设施发展水平已经与中上收入国家不相上下，基础设施对生产率的正溢出效应，将为创新驱动型增长创造与日韩类似的有利条件。我国拥有强大的基础设施和高质量的人力资本，但归根结底还是要有相应的制度建设，才能与这些条件相辅相成。针对此的结构性改革仍在进行。通过实施符合竞争中立原则的政策，如改善金融资源配置、加强知识产权保护、促进私营企业公平进入市场等，我国有望获得投资收益，并转向创新驱动增长模式。

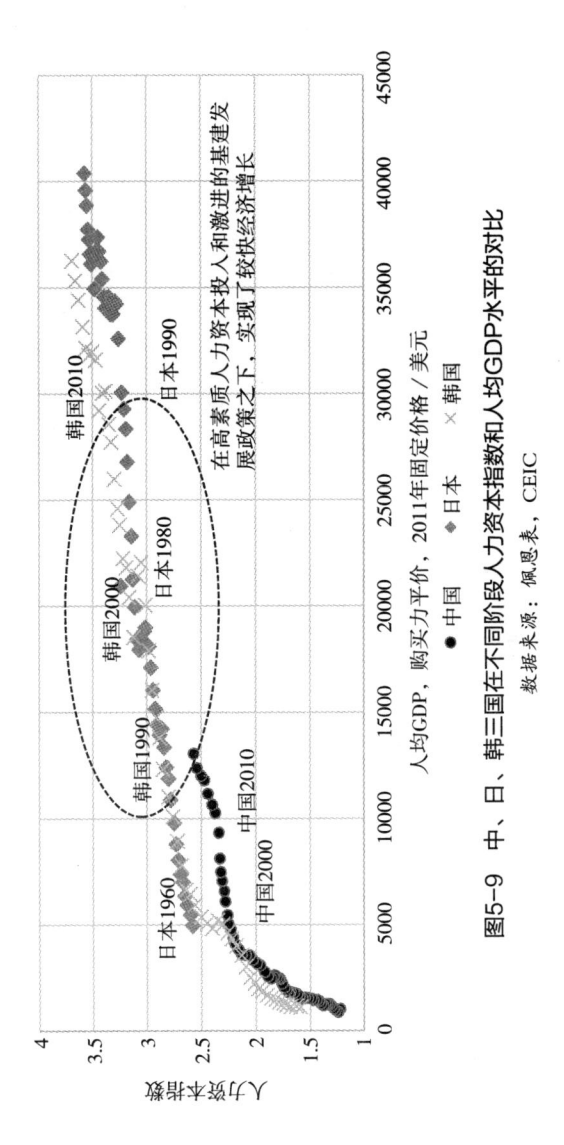

图5-9 中、日、韩三国在不同阶段人力资本指数和人均GDP水平的对比

数据来源：佩恩表，CEIC

诚然，与基建热潮伴随而来的是对债务积累和低回报的宏观审慎担忧。但笔者认为，这些担忧没有把基础设施发展带来的正溢出效应考虑进去。先进的交通基础设施可以节省时间和成本，并带来网络效应，从而提高生产率；信息和通信技术的发展则可以提高创新能力。参考其他东亚国家的例子，它们的发展道路和基础设施与高质量的人力资本相辅相成，在经济快速增长中发挥了不可或缺的重要作用。我国基础设施的快速发展以及由此带来的正溢出效应，在未来几年势必会带来投资效益。笔者认为，中国经济发展的关键因素，即强大的基础设施和高质量的人力资本已经到位，这将有助于我国转向创新和生产率驱动增长模式，支持未来几年的经济发展。

第 6 章

为投资正名：
投资如何提高生产率

　　近年来，投资增速不断回落，反映了企业信心的萎靡，但与中国已经过度投资的流行观点相反，实际上，我国的人均资本存量仅为美国的33%。再考虑到资本回报率水平仍然可观，我国仍有足够的空间通过资本深化提升生产率。可考虑拉动通胀回升和改革措施加以助力。

第 6 章 为投资正名：投资如何提高生产率

为什么说我国仍然需要继续增加投资

2011—2019年间，我国固定资产投资增速持续放缓，从峰值30%的同比增速，降至个位数，尽管2017年和2018年曾出现短暂复苏，但2018年下半年起至2019年，投资增长再次减慢。

新一轮的经济放缓带来了一个老问题：中国的投资增长是否已见顶？一些流行观点认为，我国在过去几十年里实现了投资高速增长，已经耗尽了有效投资。换句话说，中国不应再依赖投资作为增长引擎。

事实上，由于发展阶段已经不同，衡量进一步投资空间的指标不应再是固定资产投资等名义投资增长速度，而应是每个工人的单位资本存量。这是推动我国向发达国家看齐的关键因素，是经济发展的中坚力量。如图6-1所示，我国的人均资本存量起步水平很低，在过去的20年里已在追赶发达国家水平，每

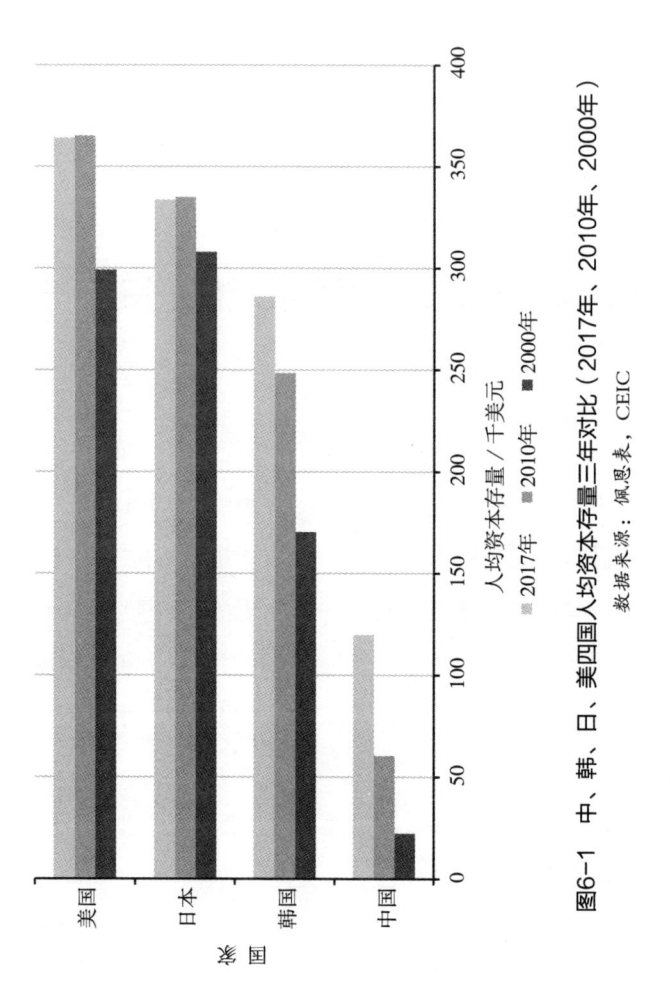

图6-1 中、韩、日、美四国人均资本存量三年对比（2017年、2010年、2000年）

数据来源：佩恩表，CEIC

年每个工人的资本存量增长了10%。尽管经济增长速度相当快，我国的人均资本存量仍仅为美国的33%和韩国的42%。图6-2展示了日本和韩国过去几十年的追赶过程，我国行程尚未过半，这与其他衡量发展阶段的指标显示结果也是一致的，如人均GDP、城市化率等。与其他发达国家对比，我国在增加人均资本存量角度上有很大的追赶空间。

有观点认为，中国应该追求创新或消费导向的增长模式。实际上，这种观点是对投资或资本深化作用的误解。资本深化的真正经济效益正是生产率的提高——当然，企业为提高效率而投资，目的是追求利润。正是由于许多个人决定追求更高的效率，生产率水平的提高最终支持了实际收入的增长。

经济学类入门课程中，有一个将资本深化从生产率提高中分离出来的方程式。从方程式看，资本深化似乎只是一个数学残差，难以捉摸，且完全外生。然而在现实中，资本深化与生产率提高是相辅相成的。我国的实际情况显示，二者界限其实非常模糊，甚至对于企业来说，对这二者的考虑其实是在做同一个决定。简言之，只要存在能提高效率（或降低成本）的升级，一家工厂就不会选择使用10年前水平的旧机器，而是会选择增加投资，这样不仅加深了资本存量，同时也提高了生产率。

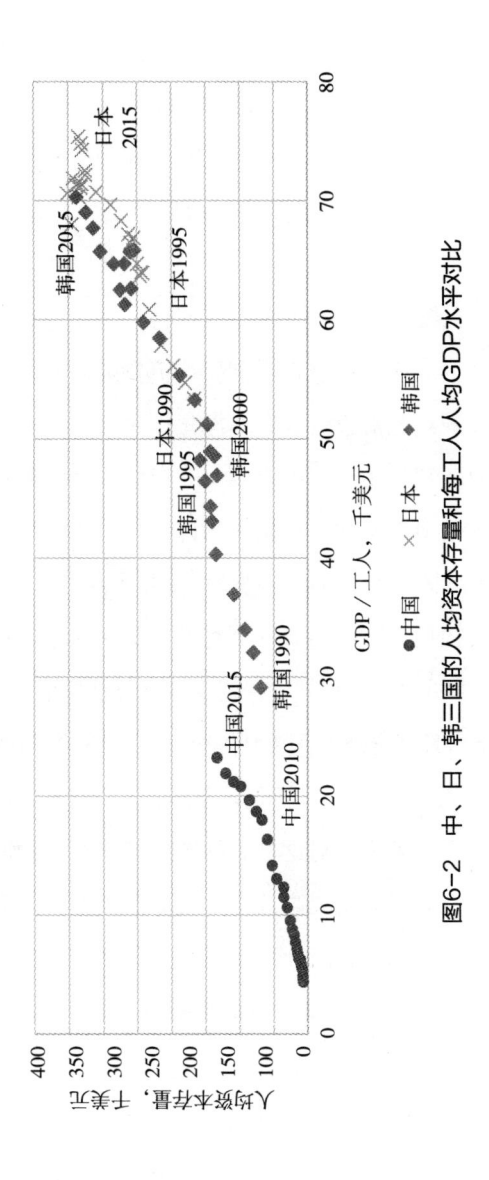

图6-2 中、日、韩三国的人均资本存量和每工人人均GDP水平对比

激发产业升级和技术更新投资的活力

尽管资本深化的总体状况仍有很大的提升空间,但过去几年制造业投资增速却在不断下滑。自2013年以来,制造业投资增速相对总体投资的增长放缓幅度更大。尽管由于外需的强劲回升和内需的复苏,制造业投资在2016—2018年期间出现了一定的复苏,但好景不长,2018年下半年以来,制造业投资再次持续放缓。这一长时期的放缓趋势不禁令人担忧,尤其考虑到目前我国仍有充裕的空间维持快速增长的背景。到疫情前的2019年年底为止,制造业投资增长乏力。事实上,考虑到技术升级的空间和我国较高的总储蓄率,制造业投资增速仍然太低。

只要简单回顾一下经济文献就不难发现,制造业过早长期低迷,会产生严重的负面影响。例如在资源的配置决策方面,这一情况会影响企业和银行分配资源，可能导致必要投资减少，从而拖累经济增长；在劳动力市场方面，因制造业是劳动力市场稳定的关键支柱，制造业投资的低迷对劳动力市场也有负面影响。

是什么导致了制造业的不景气？笔者认为，2012—2016年制造业放缓，部分反映了2008年全球金融危机后，我国出口导向型的制造业企业在寻找新市场方面面临的挑战。尽管过去数年间我国制造业竞争优势得以重新定义，从低成本和低技术含量的低端制造业转向中等技术含量制造业，并调整方向以满足国内需求，但中美贸易战一定程度上重启了人们对制造业竞争力的担忧。然而，鉴于我国今天的竞争优势已不再仅仅取决于成本，还取决于技能和市场整合，中国其实比以前更有能力应对这些挑战。

尽管对制造业投资回报率过低的担忧甚嚣尘上，但还没有明确证据证明这一论断。许多关于低回报的论据集中在基础设施投资上，实际上，回报率并不是判断基础设施投资的恰当基准，因为基础设施投资短期来看往往是低经济回报的，但长期来看，社会回报却很高。

正如本书第5章所提到的，世界银行在一项关于中国高铁发展的研究中指出，如果考虑到更间接衡量的经济效益，如通勤人员节省时间、旅游流量的增加和区域发展，高铁项目的年经

第6章 为投资正名：投资如何提高生产率

济回报率将高达8%。这些正溢出效应没有反映在直接回报中，也为基础设施由政府而非私营部门进行投资，提供了一个颇具说服力的理由。从按行业细分划分的制造业边际资本回报率来看，2012—2015年，随着增量资本产出比的上升，制造业的资本回报率虽然有所下降，但自2015年以后，资本回报率已经开始改善，2019年已接近其长期平均水平（这或许部分源自2016年和2017年的去产能等供给侧结构性改革）。

新的出口竞争优势以及资本回报率提高等相关证据表明，制造业衰退可能是由其他因素引起的。笔者认为，这背后的原因一方面来自去杠杆化，另一方面则来自中美贸易战引致的企业信心不足。在后一种情况下，对中国输美产品加征关税，抑制了当前经济活动以及对未来的预期。由贸易战局势带来的不确定性增加，对投资和技术等其他领域产生了溢出效应，对企业信心带来了负面影响。

深化改革，促进有效投资

为了重振企业信心，笔者认为，提升通胀水平和进行经济改革是关键。首先，需要提升通胀水平。制造业是我国经济和劳动力市场的重要组成部分（占总就业人数的1/4和GDP的1/3），同时，制造业周期与全球工业周期有着千丝万缕的联系。因此，不能低估全球贸易放缓的影响及其带来的恶性循环。诚然，通胀的回升在一定程度上加剧了政策方对债务问题的担忧，因此在政策制定上会更加谨慎，尤其是货币政策。但债务可持续性是一种平衡，过热不好，陷入通缩也同样危险。因此笔者认为，经济活动放缓仍将促使经济政策进一步宽松。其次，为了重振商业信心，确保我国继续加快追赶型增长，改革是关键一步。改革的关键在于提高资源配置效率，具体方向包括以下内容。

第6章 为投资正名：投资如何提高生产率

多举措提振民间投资和中小企业投资

制造业投资主要由民间投资支出推动。近年来，民间投资有所放缓，但在"十四五"规划中，制造业投资被放到了更重要的位置。因此，如今正是重振民营部门资本支出以促进产业升级的好时机。除了投资本身对经济做出的贡献，考虑到民营部门贡献了85%以上的城市就业，推动民营部门发展，还可以带来更高质量的就业和更高水平的工资。

（1）降低企业税负

与世界其他经济体相比，我国企业的税收负担位居前列，这在一定程度上影响了企业的投资能力（见图6-3）。2019年，我国实施了增值税改革，降低增值税税率（较高一档增值税税率从16%降至13%），并简化税收结构，将税级从4档减少至3档。然而，由于企业税负的大部分在于社保缴费，未来仍有空间采取更多措施进一步降低企业税负。根据世界银行《2020年世界纳税报告》的数据，2018年，中国的劳务税占企业税负总额的78%。进一步改革降低企业社保缴费，将有助于降低公司成本，并鼓励支出和投资。

2020年以来，为了应对疫情，政府对中小企业采取了一系

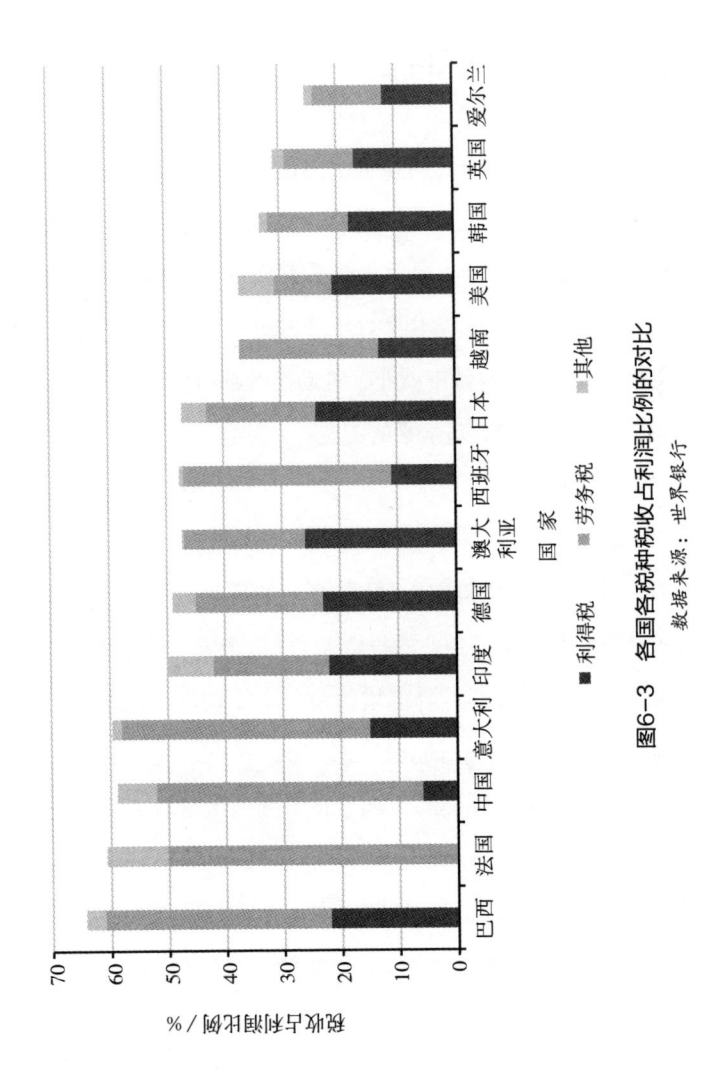

图6-3 各国各税种税收占利润比例的对比

数据来源：世界银行

列减税降费措施,例如豁免或降低了小型企业的增值税,这使得92%的小规模纳税人获得增值税豁免,其余8%的小规模纳税人增值税税率从3%降至1%。此外,中小微企业也得以豁免养老、失业和工伤保险等社保缴费。2021年政府工作报告进一步提高了小规模纳税人增值税起征点,降低部分符合条件的小微企业和个体工商户的所得税缴纳。但不少中小企业仍未能完全从疫情的泥沼中全面脱身,因此继续实施减税降费政策,特别是降低企业社保费率,将有助于进一步鼓励民间投资。

除了降低社保缴费,还可以出台更多有针对性的措施,例如通过减税促进研发投资,也将有助于提高生产率。值得一提的是,我国的纳税流程也相对复杂,在全球189个经济体中,中国的纳税服务便捷度排名仅第105位,相对靠后。简化纳税流程,提高纳税合规,不仅是降低企业税负的重要内容,同时也有助于增加政府收入。

(2)降低服务业准入门槛,以加快民间投资步伐

2019年,第三产业占GDP的比重超过55%。然而,第三产业有一些领域依然未能完全向民营企业敞开大门。由于民营部门效率相对较高,通过进一步改革促进这些服务业的开放,可以提高生产率和刺激经济发展,并为辅助产业带来有利的溢出效应。

笔者认为,政府将继续缩减市场准入负面清单(即禁止进入特定行业或对特定行业施加额外限制的清单)。事实上,自2016年试点负面清单328项以来,清单项目已大幅减少。2018年在全国推广时共有151项,比最初试点减少了一半以上。2019年,清单项目再次减少到131项,减少项目中超过一半在服务业。未来或将进一步放宽限制的关键领域包括金融服务、交通服务、电信、社会服务和公用事业。

(3)提高金融资源配置效率

考虑到传统银行体系更倾向将信贷资源分配至国企和大型企业,中小企业长期以来一直难以通过传统银行体系获得优惠融资,这导致了中小企业融资难和融资贵的问题。通过金融改革为中小企业开放更多融资渠道,将有助于促进民营部门信贷增长。

一方面,可以通过简化IPO(首次公开募股)注册流程,改善股权融资渠道。我国于2009年10月和2019年7月分别于深圳和上海建立了创业板和科创板,这有助于更有针对性地为科创企业和中小企业融资。由于创业板和科创板的上市限制不如标准市场严格,科技公司更容易获得股权融资。目前,创业板正在试行IPO注册制,进一步完善这项制度将有助于缩短IPO审批时间和提高审批过程的透明度。

第6章 为投资正名：投资如何提高生产率

此外，还应加大对中小银行资本金补充的支持力度。由于规模限制，中小银行在资本补充方面面临更多的困难。由于它们更多向民营中小企业融资，而民营中小企业对经济冲击和商业周期更加敏感，中小银行不得已面临相对较高的不良贷款率。实施相应改革，允许这些中小银行通过各种渠道（比如通过地方政府债券）融资，将有助于为中小银行补充资本金，从而有利于其为资金不足的中小企业提供信贷支持。同时，通过进一步改革措施来简化和更好地监管银行之间的并购，特别是对中小银行，也将有助于分散金融风险，补充银行资本，改善公司治理，提高向民营部门发放信贷的效率。

清除劳动力市场流动障碍

（1）户籍制度改革

中国已成为一个日益城市化的社会。如图6-4所示，按常住人口衡量，目前约有60%以上的人口居住在城市，然而他们并非都有城市户口；按户籍人口衡量，2020年城镇化率仅为45%。城市家庭享有更多的就业机会和更高的工资，人均可支配收入是农村家庭约2.6倍以上。截至2019年，已有超过9000万农民工获得城市户口。尽管如此，全国共有2.91亿农民工，这仍是一个相当大的人口群体，他们仍面临因没有城市户口而带来的一

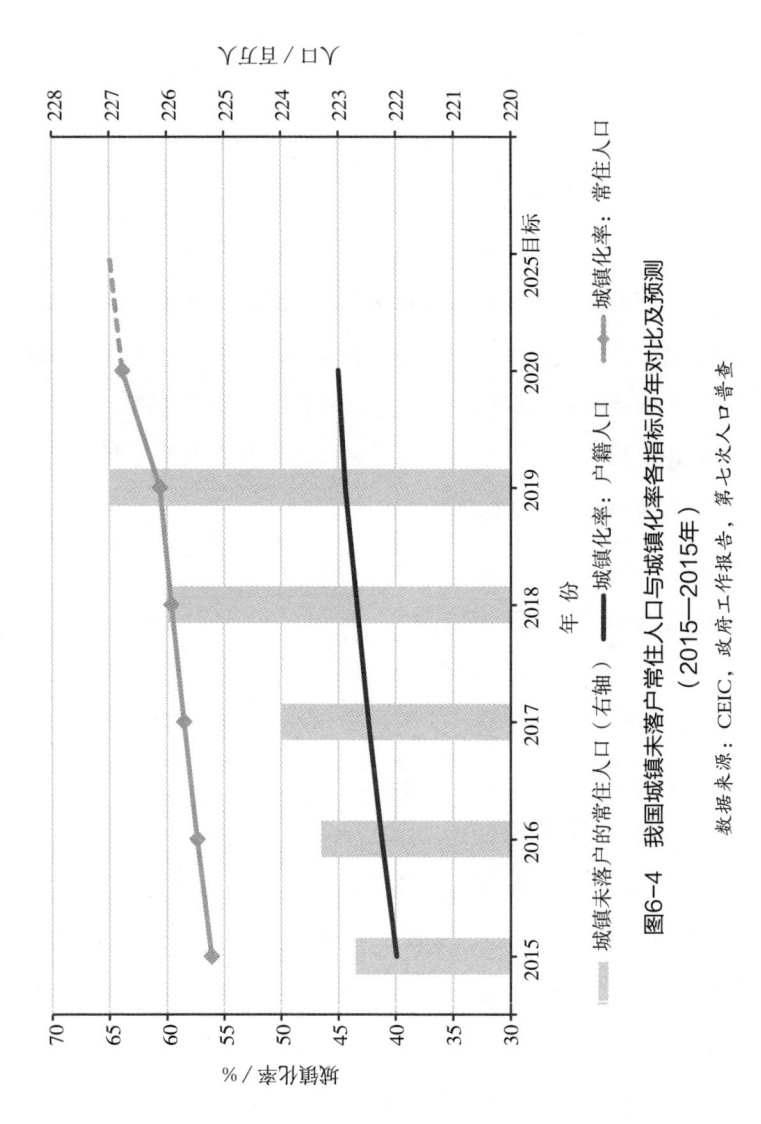

图6-4 我国城镇未落户常住人口与城镇化率各指标历年对比及预测（2015—2015年）

数据来源：CEIC，政府工作报告，第七次人口普查

第6章 为投资正名：投资如何提高生产率

系列障碍。例如，农民工在大多数社会保障计划中的参与率较低。根据可获得的农民工数据，自2014年以来，只有15.7%的农民工获得养老金福利，而在总人口中，这一比例为60%以上。没有社会保障，农民工家庭就不得不提高储蓄率，以填补福利缺口。推进改革，帮助农民工获得户口，将使农民工家庭有更多的机会购买住房，获得稳定的工作岗位和与城市居民同等标准的社会保障福利（包括养老金、教育、医疗、工伤保险和生育福利）。改革不仅有助于提振这部分农民工家庭的消费，也可以减少劳动力市场流动障碍。

考虑到社会保障覆盖面存在相对较大的缺口，第一种解决方案是，无论户口状态如何，将公共服务覆盖面扩大至所有城市居民，这将有助于解决流动人口所承担的成本，并鼓励他们减少储蓄、增加消费。第二种解决方案是继续放宽户口限制，使得更多农民工获得城市户口和社保福利。国家发改委2019年4月提出取消人口在300万以下中小城市的落户障碍，以及取消人口在300万～500万之间的城市的落户限制。2020年9月23日，上海取消了一些限制，允许该市4所顶尖大学的毕业生获得户口。可见，户口改革已经取得了一些进展，但仍有继续推进的空间。

此外，值得注意的是，社保福利的大部分支出由地方政府而非由中央政府承担。因此，随着公共福利覆盖面的扩大，这也会加重地方政府的成本负担。中央与地方政府之间的税收收入分配也并不平衡。地方政府支出占政府支出总额的85%以上，但税收收入仅占税收收入总额的53%（2019年）。地方政府必须依靠中央政府补贴转移和地方政府债券发行，来弥补缺口。地方政府承担的公共福利支出在地方政府支出总额中占有相当大的比重，教育、社会保障、就业、医疗和住房保障福利支出占41%（2019年）。如果没有进一步的措施来减轻地方政府的负担，那么地方政府提高社保福利覆盖水平的能力、加快户籍改革的动力，也将被削弱。通过中央财政向地方政府转移资金，令资金分配更加平衡，将有助于减轻地方政府成本负担，并使地方政府扩大社会保障覆盖面，让更多人的农民工家庭受益。

深化户口改革会带来哪些潜在经济效益？笔者用平均收入和消费水平粗略估计了隐含储蓄率，发现农民工的储蓄率是城市工人的2倍多：两者的储蓄率分别约为70%和30%。农民工储蓄率较高的部分原因在于，农民工需向农村家庭汇款，同时由于缺乏社会保障福利，农民工也会增加预防性储蓄。全国的平均汇款率数据并不可得，但从一些地方调查数据中可以窥见一二。海南的城市调查显示，农民工将大约1/3的隐含储蓄汇回农村家庭。用这个数据粗略估算后笔者发现，农民工将大约22%的收入汇回农村家庭。但即使去掉这部分支出，其储蓄率占比仍然近50%。深化户口改革或将使农民工储蓄率接近城市平均储蓄率，这意味着大约16%的收入可能会从预防性储蓄中释放出来，转化为消费。

（2）通过农村土地改革增加农民收入，增强农民工流动性

尽管城镇化趋势意味着农村人口占总人口的比例下降，但截至2019年年底，中国仍有大约40%的人口即5.51亿人居住在农村地区。农村土地属于集体所有，农村家庭的很大一部分财富就被锁定在农村的土地中。农村土地在转让方面仍面临严苛的限制，这在很大程度上限制了农村人口和家庭的流动。进一步改革整合城市和农村土地市场，建立城乡统一的用地市场，并增加市场力量在价格决定和土地权分配中的作用，将有助于把土地所带来的财富更合理地分配到农村家庭，也有助于增强农村家庭在城市与农村之间的流动性。

农村土地由集体所有，必须先经历"国有化"，由政府征用，才能转为建设用地，这导致土地使用权转让的效率非常低下。政府提供的土地价格往往低于公开市场上的价格，因此农民从土地使用权转让中得到的经济利益非常有限。笔者认为，有必要实施进一步改革，让土地价格更多地由市场决定，从而为农村土地集体所有者提供更高的回报。目前，土地使用权转让的审批流程仍很复杂，需要多层级政府审批，才能将农村土地转为建设用地，因此，进一步简化审批流程也将有助于提高土地使用权转让的效率。此外，根据我国《土地管理法》等法律法规，地方政府在征用农村集体所有土地用于建设时，必须开发同等面积的耕地。此前的规定将这一补偿机制限制在同省内部，但2020年4月9日以来，各省间跨区域分配开发用地政策得以放开。这将使土地资源丰富的地区（例如西部和内陆地区）能够帮助满足城市发达地区（如沿海地区）更高的用地需求，并增强农村土地所有者的流动性。然而，各省之间的土地流转仍存在物理上的限制，进一步开放和完善耕地使用权的二级市场，将有助于提高土地市场的效率。

通过进一步改革促进财富再分配（以便把土地使用权转让的更多收益直接送达农民手中，而不是大部分留在农村集体），将有助于提高农民的收入，从而促使农民提高支出。有证据表明，尽管农村集体能够从土地出售中获得大部分收益，但这些收益并没有直接到达农民手中。2019年，向政府转让土地使用权所带来的收入为7.3万亿元，据估算，其中流向农村的数额不到7%，也就是不到5000亿元，而直接来到农民手中的数额更是远低于这一数字。值得一提的是，农村家庭往往对收入变化更敏感，即每增加一单位收入的边际消费倾向更高（农村家庭和城市家庭的边际消费倾向分别为0.85和0.78）。这意味着进一步进行土地改革以提高农村家庭收入，也将有助于提高我国的消费水平。

（3）进一步发展城市群

户口改革和农村土地改革的推进，带来了城镇化率的提高，而这与城市群的进一步发展息息相关。尽管城镇化进程带来了诸多好处，但也存在许多问题，尤其是在人口超过500万的大城市。房价不断上涨、高昂的生活成本、交通拥堵以及水和空气质量的不断恶化，都会降低居民的生活质量；企业在发展中也面临两难选择——在城市运营难以降低成本，而在郊区运营则要远离供应链。所有这些问题对城市的可持续发展构成越来越大的威胁，城市群为解决这些问题提供了思路。促进城市群发展，有助于缓解北京、上海等一线城市沉重的人口负担，同时改善与周边城市群的连接，提高城镇化率，进而增加居民收入。在我国，三个最大的城市群——京津冀、长三角和粤港澳大湾区——居民总数已超过3亿人。

由于许多政策的决定仍局限于地方层面，更广泛的精简政策流程，将有助于提高城市工人流动性，并使企业更容易在各地区运营。加强城市流动性不仅会进一步提振收入水平、促进消费，地区城市群的发展也会进一步推动效率的提升。城市群带来的网络效应使得更多的劳动力和运营公司能够更好地满足市场需求，从而产生经济活动的正反馈循环。地区基础设施项目的发展还会降低运输成本，增加溢出收益，从而提高效率和生产力，例如节省时间、提高技术开发和创新能力。此外，户口和农村土地改革的推进，城市群的城镇化率上升，将进一步促进城市与农村之间的人口流动。最后，还应制定完整的规章制度，为城市与农村地方政府之间、地方与中央政府之间的权责提供法律基础，这将有助于精简行政流程。

  城市群的崛起，将释放集聚效应带来的经济潜力，从而为中国未来数年的生产率提升提供动力。大湾区发展是最有说服力的例证。在这里，人才、资本和产业的聚合持续带来高附加值生产活动，推动消费增长，从而实现长期可持续发展。大湾区的人口为7000万，面积仅占中国国土面积的1%，却贡献了中国出口总额的37%和GDP的12%，因而位列全球第四大出口地区（排在日本之前）和第15大经济体（排在西班牙之前）。更重要的是，大湾区近几年引领了中国的产业升级和创新发展，在我国国际专利申请总量中占到50%以上。大湾区成功的主要推动因素是其出色的基础设施网络和物流效率，推动要素高效流动，这是中国其他地区无法与之匹敌的。尤其是香港的港口设施（无论是海港还是空港）自20世纪90年代以来一直处在全球最繁忙且最高效的港口行列；而横跨珠江口的港珠澳大桥的竣工，加上连接香港与广东及更远地区的高速铁路，进一步证明了基建在大湾区的发展过程中正在发挥的关键作用。这一点不仅关系到庞大的大都市区管理，同样与下一阶段的中国经济发展息息相关。与中国在全球经济格局中取得的其他领域的进步一样，高效的基础设施网络是经过了周密的规划和试点的。同时，大湾区也是重要的科技创新中心。自2012年以来，中高科技含量产品（例如汽车、手机和电子产品）已呈现快速增长的势头。得益于持续的产业升级，加上制造商留存了足够的收益再投资于研发密集型行业，高附加值产品的专业化可以承受较高的成本。与此同时，大量初创企业选择落户深圳。大湾区侧重于发展聚焦科技和创新的主要产业集群，未来还将继续引领中国向全球价值链的上游攀升。

深化对外开放

在全球生产链上，大量高技能劳动力、完善的基础设施网络以及完备的供应生产网络等因素，难以在短时间内发展成形，这些因素使得中国对于自动化和高附加值产业而言仍然具有吸引力，这意味着中国在短期内可能仍将保持竞争优势。这些拉动因素以及通过迎合发达市场而增加的学习能力，已帮助中国将制造业从低端产品开发提升到高科技相关产品开发。此外，近年来流入中国高科技产业的外国直接投资也有所增加。2019年，流入高科技产业的外国直接投资约占外国直接投资总额的28%，涨幅超过25%，显著高于外国直接投资总额5.8%的增速。事实上，中国在全球中高科技产业的份额在2010—2019年几乎增加了3倍，在2000—2019年期间分别赶超了美国和欧盟。因此，进一步深化改革开放、加强与全球联系，仍将是我国未来的重要方向。

（1）继续缩减外商投资准入负面清单，加大金融市场开放

2020年6月，外商投资准入负面清单由2019年的40项进一步缩减为33项，并放宽了金融服务业（如期货、证券、人寿保险公司）的外资持股上限。此外，境内金融市场也逐渐对外开放。"沪港通"（2014年11月开通）和"债券通"（2017年7月开通）为投资者通过香港投资内地的股票和债券市场提供了重要渠道。内地与香港股票市场的互联互通机制已扩大到2000多只股票。2020年，股票北向交易的每月总成交额比2017年增长了9倍以上，债券北向交易月均成交额较2018年增长近400%。2020年11月1日，QFII（合格境外机构投资者）和RQFII（人民币合格境外机构投资者）这两项制度合二为一，简化了境外投资者的审批程序，并扩大了合格境外投资者可交易金融产品的范围。但是除了金融服务，境外投资者仍面临限制的领域包括电信、法律和教育，这些领域可以进一步向境外投资者开放。未来，中国将继续在自贸区（特别是上海自由贸易区）开展扩大境外投资准入的试点，为进一步开放和改革开辟更多领域。

（2）深化区域经济一体化将大有作为

鉴于近年来与美国的紧张关系升级，中国向亚洲周边经济体和欧盟多元化发展，已变得更为重要。笔者预计，中国将更加重视与欧盟、日本、韩国和东盟等地区签署的更多区域性贸易和投资协议。更深层次的一体化将有利于增加这些国家和地区对中国产品的外部需求，加强双方合作，并且有助于促进技术扩散，从而提高劳动生产率。

我国一直是亚太地区自由贸易协定《区域全面经济伙伴关系协定》（RCEP）的主要倡导者。这一在中国和其他15个经济体之间建立的区域贸易协定，旨在消除贸易壁垒，鼓励跨境投资。RCEP强调要加强在卫生保健、智能制造、5G技术和其他高科技增长领域的合作，以提高生产率。此外，中国一直在与日本和韩国商讨自由贸易协定。根据当前最惠国待遇加权平均关税率估计，如果取消所有非农业产品的关税，区域贸易协定可以为出口到日本和韩国的非农业产品节省大约3%的成本费用。较低的价格有助于增加我国出口商的市场份额。除了直接节省关税成本，鉴于劳动生产率差距仍然很大，从科技发展的角度看，与日本和韩国的更深层次的融合显得尤为重要。《中欧双边投资协定》谈判的完成，也将进一步加强中国与欧盟的联系与合作。

进一步深化改革，为外资企业提供公平竞争的环境，放宽市场准入，有利于鼓励合作，建立友好关系，吸引更多外商投资。遵循竞争中立的原则，例如加强混合所有制改革、实行公平的市场准入、实施项目和资源的竞争性招标、加强知识产权保护，以及在企业破产时允许市场力量发挥作用，将有助于解决相关问题。此外，一个更公平的竞争环境将增加良性竞争，也有助于提高创新能力和生产率。

第 7 章

化解债务风险，提高资源配置效率

高债务负担令人担忧，但往往被人忽视的一个真相是，企业债务80%以上来自国企。可以将信贷重新分配给更高效率的民企部门，并清理产能过剩的国企。地方融资平台是非金融企业杠杆率的主要推手，进一步"开前门，堵后门"仍是未来方向；房地产市场债务值得关注，宏观政策工具包将继续发力，通过信贷再分配和改革措施来管理金融风险，这将长期助力经济增长。

第 7 章 化解债务风险，提高资源配置效率

我国的债务水平有多高

我国的潜在增长受多重因素的影响。鉴于我国债务水平较高，金融体系的脆弱性或将影响中国未来的经济发展，这是一个值得深入研究的问题。根据国际清算银行（BIS）的数据，截至2020年第二季度，我国债务总额占GDP水平从2019年年底的257.6%上升至280.3%；而根据国家资产负债表研究中心的数据，我国的宏观杠杆率从2019年年底的246.5%上升至2020年年底的270.1%，上升了23.6个百分点，与国际清算银行统计数据涵盖的经济体的平均水平持平。随着疫情席卷全球，大多数经济体的经济水平被拉低至2019年水平以下，各国政府推出大规模刺激计划，贷款机构延长宽限期，杠杆率的上升在一定程度上是不可避免的。其中的数学逻辑很简单，即不断上升的分子和不断缩小的分母，二者的变化共同推动全球债务占GDP比率上

升。如图7-1所示，2020年，我国非金融企业、政府和家庭这三个部门的杠杆率都有所上升，其中非金融企业部门杠杆率的升幅最大，其次是政府部门。

2020年，我国的名义GDP同比增长3%，而代表实体经济信贷的社会融资规模存量同比增长13.3%，较2019年上升2.6个百分点。加快信贷扩张是一项经过深思熟虑的政策选择，目的是应对新冠肺炎疫情对公共卫生和经济的影响。企业杠杆率上升，在一定程度上是因为中国人民银行设计的创新货币政策工具，其目的是向市场提供资金，特别是在疫情期间苦苦挣扎的小微企业；政府杠杆率快速上升则是政府赤字和债务规模扩大的结果：政府债务上限较2019年增加了3.6万亿元，包括发行1万亿元特别国债，在2019年额度基础上额外发行1.6万亿元地方政府专项债券，财政赤字再增加1万亿元。这些为缓解负面影响而及时出台的政策，对经济复苏起到了至关重要的作用。

值得注意的是，与2008年全球金融危机之后的一段时期相比，此次宏观杠杆率的增长相对有限。根据国际清算银行的统计数据，在全球金融危机之后的2009年，中国宏观杠杆率上升36.1个百分点，达到175%。这一增长势头一直持续到2016年，达到248%。随后，在去杠杆化措施的影响下，宏观杠杆率企稳，直到疫情暴发。

经济复苏以来，曾出现部分城市的房地产市场过热、2020

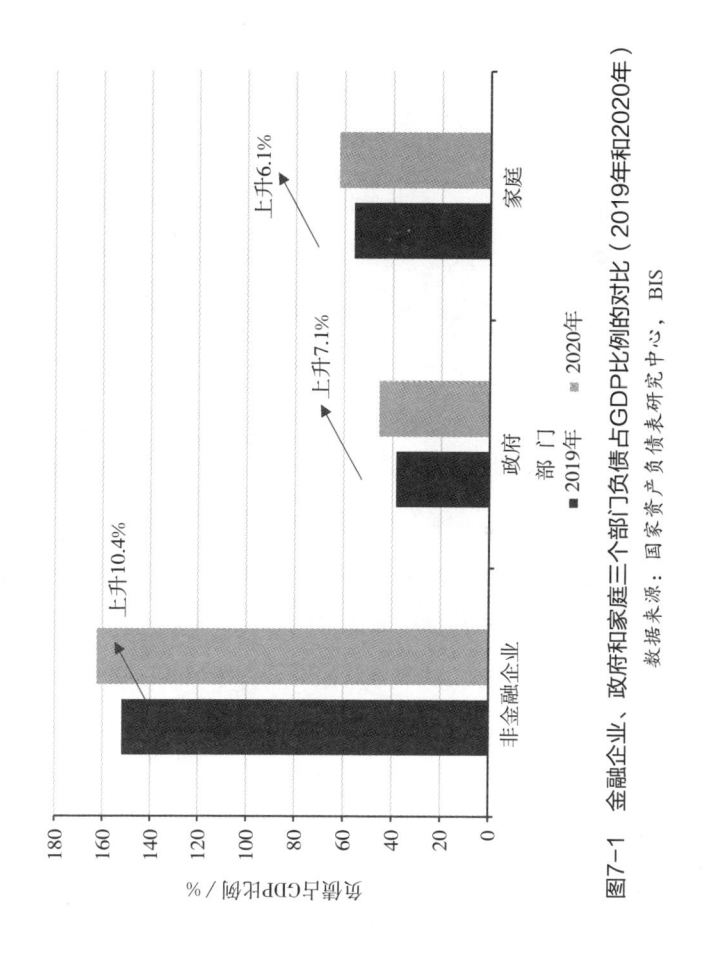

第 7 章 化解债务风险，提高资源配置效率

图7-1 金融企业、政府和家庭三个部门负债占GDP比例的对比（2019年和2020年）

数据表源：国家资产负债表研究中心，BIS

年年底国企债券违约等风险迹象。2020年10月21日，央行行长易纲表示："货币政策需把好货币供应总闸门，适当平滑宏观杠杆率波动，使之长期维持在一个合理的轨道上。"2021年，宏观杠杆率的分母（名义GDP增速）超过10%，而分子（社会融资规模存量增速）有所下降，抑制了杠杆率的攀升。

然而从长期来看，高水平债务在一定程度上威胁了金融体系的稳定性，这一债务水平恐难长时期维持。随着债务负担的增加，企业需要借更多的钱来支付现有贷款，挤出可能的投资计划。信贷资源游离到生产活动之外，会在一定程度上制约将来的发展前景。一旦流动性紧缩导致所谓的"明斯基时刻"（资产价格长期增长后突然暴跌）到来，金融稳定将面临严重威胁，金融可能陷入"债务–通缩"的恶性循环，最终对经济产生负面影响。实际上，政策方始终对债务问题保持着警惕。自2016年以来，我国开始在全国范围内推行去杠杆，相比全球金融危机之后的投资繁荣期（即2010—2015年间，债务水平年平均增长10个百分点），2016—2019年间年平均增长率仅为5.5个百分点，债务积累速度已经显著放缓。

对债务水平高企这一问题的思考，应从我国基本的金融结构出发。考虑到我国具有较高的储蓄率，且我国融资渠道仍更加偏重间接融资，融资渠道较为单一，较高的债务水平也有其合理之处。高储蓄率往往意味着更多投资通过股票或债券市场进行。新兴市场中,大多国家的债务水平和储蓄水平呈正相关,我国也不例外。而由于我国股票市场发展水平仍较低,再加上投资者对股票市场的稳定性也存疑(投资者对2015年股市崩盘时的情景应仍历历在目),我国投资者对股票市场参与率仍然相对较低。沪深股市交易所的加总交易额市值为61.2万亿元(截至2020年1月),远远低于笔者估算的公司债务水平155.0万亿元(截至2019年第二季度)。因此在我国,相比股票等直接融资市场,多余的储蓄主要通过银行业和间接融资的方式流入企业部门。

债务主要来自国有企业

尽管整体债务水平已然较高并且还在增长,但这并不意味着整个经济的所有部门都已过度杠杆化。事实上,如果我们进一步观察债务的分配情况就可以发现,债务负担的大头都落在国有企业身上,而非效率更高的民营企业。

国有企业的资产负债率明显高于民营企业。近年来,经过大规模的去杠杆,国有工业企业这一比例已经从2013年左右的峰值62.3%,下降到了2019年的58.0%(见图7-2)。值得注意的是,国有企业拥有更高杠杆率的同时,却有着更低的效率。比较国企和民企的资产回报率,后者比前者高出了1.6倍(见图

7-3）。在我国，民营企业贡献了超过60%的国内生产总值、80%的城镇劳动就业、70%的工业产值，但仅占不到20%的企业债务（见图7-4）。从这个角度，我们有理由相信，民企的经营效率是高于国企的。在不增加系统金融风险的情况下，对民营企业的信贷分配仍有提高的空间。那么，应如何平衡去杠杆与支持实体经济呢？

引导信贷资源更多流向民营企业

有趣的是，我国拥有国有和民营企业这样独特的二元经济结构，它在一定程度上既是病因，也是药方。国有企业负债率过高，这使得信贷转向效率更高的民营企业更加可行。过去多年间，考虑到存在信息不对称的问题，加上中小民企较大型企业具有相对更高的经营风险，中小民企很难从大型商业银行获得贷款，这一情况在去杠杆化后信贷条件收紧的背景下更甚。随着影子银行业务逐步受到遏制，许多规模较小的民企的主要信贷渠道也随之枯竭。

2019年，增加民企的信贷可获得性成了政策重点，五大国有银行对中小企业（小微企业）的贷款增加了55%，超过初始制订的30%的目标，且中小企业的总体融资成本降低了1个百分点。但是，中小企业的融资成本仍然较高，还有改进余

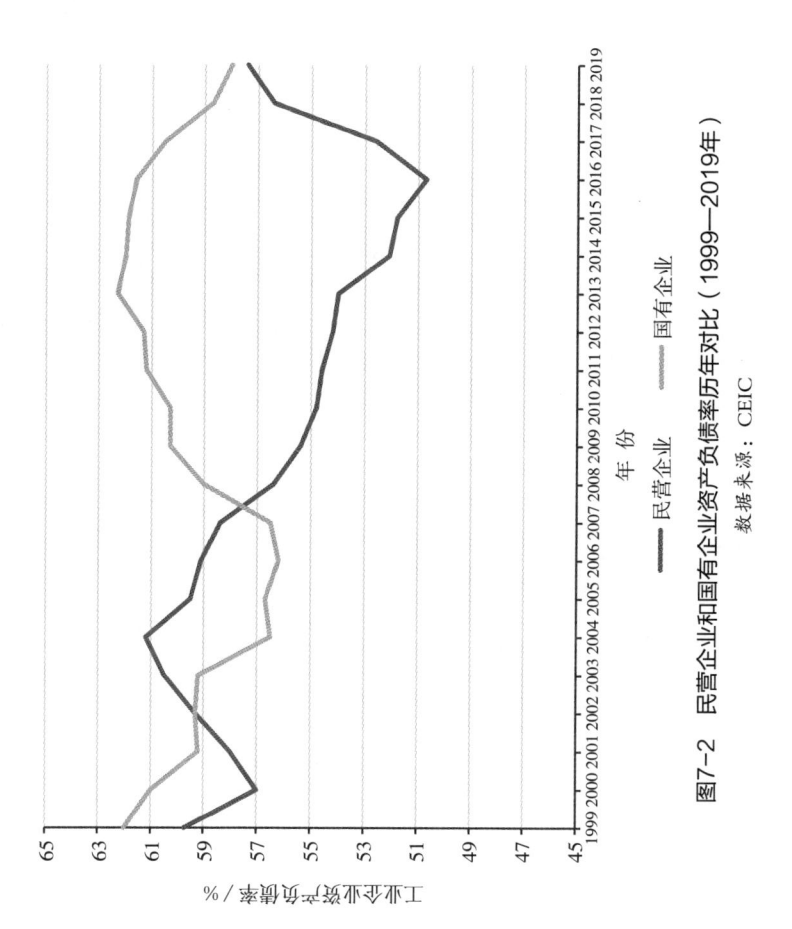

图7-2 民营企业和国有企业资产负债率历年对比（1999—2019年）

数据来源：CEIC

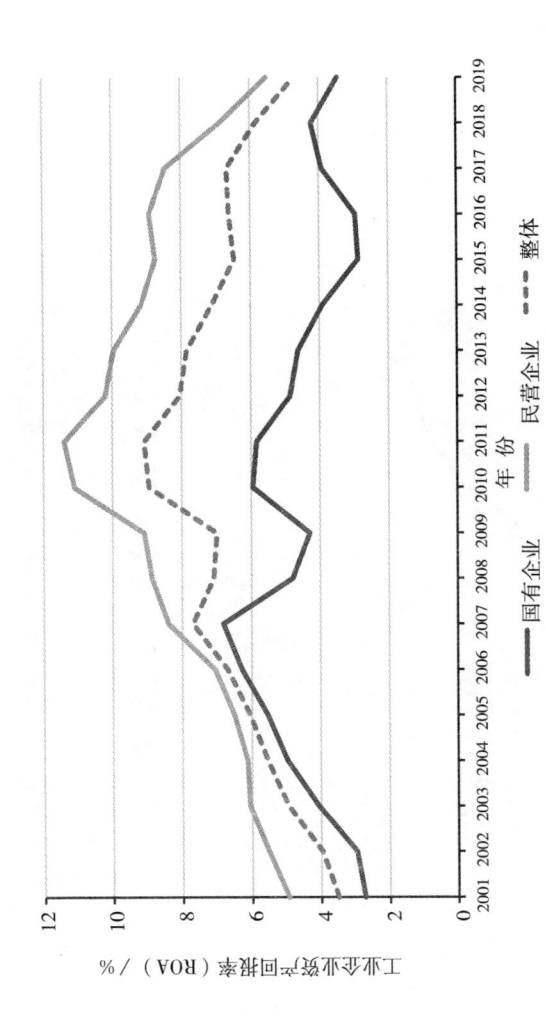

图7-3 民营企业、国有企业和整体资产回报率历年对比（2001—2019年）

数据来源：CEIC

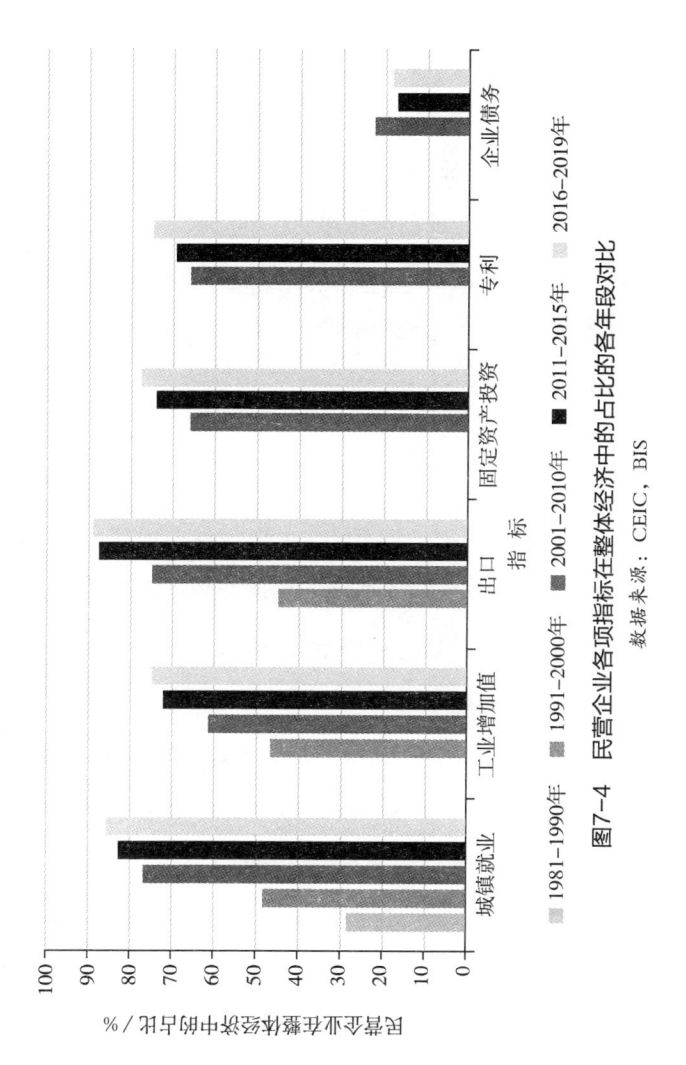

图 7-4 民营企业各项指标在整体经济中的占比的各年段对比

数据来源：CEIC, BIS

地。2020年，由于经济受到疫情的冲击，中国人民银行、银保监会、财政部等政府部门也出台了一系列针对中小微企业融资的定向减免和扶持政策，例如鼓励商业银行增加对中小企业发放贷款，延缓还本付息，减免税收，等等，这在一定程度上缓解了部分中小企业资金链断裂从而破产的风险。总之，降低私营部门的融资成本，能促进投资被注入生产效率更高的经济活动，将信贷引导到更具生产率的经济领域，有助于减轻一些债务负担。

补充银行资本金

增加对中小企业的融资支持，离不开对中小银行资本金补充的支持。即使不从银行借贷能力的角度考虑，增加银行资本金也意味着为存款者增加保障，弱化金融不稳定因素。近年来，银行资本充足率指标不断收严，这尽管有助于预防金融风险，却也在一定程度上限制了银行的放贷能力。增加对银行资本金的补充，既有助于预防金融风险，也可以维持银行的放贷能力。实际上，我们已经看到相关措施开始实施。2019年7月，非上市商业银行通过发行优先股筹集资本金的相关限制已经有所放松。同时，于2019年1月开始发行的永续债也仍是银行筹措资本金的重要手段。然而一个值得注意的问题是，通过发行永续债筹措的银行资本金，大部分流入了我国的五大国有商业银行；而相比这些大型国有商业银行，中小商业银行才是我国民营和中小企业更加主要的借贷来源。笔者认为，更有针对性地增加对这些中小银行的资本金补充，将是未来政策的重点。

国企改革：处理僵尸企业

增加对民企的信贷资源流入，仅是硬币的一面；硬币的另一面也不容忽视，即清理低效和过度举债的僵尸国企。对国企实施硬性的预算约束，通过合理的破产程序使得僵尸国企退出市场，也是重要的政策内容。僵尸国企不仅经营效率极低，连借来的本金都难以偿还，没有政府的扶持根本无法生存。2018年12月，发改委曾提出在2020年内将所有僵尸国企一举清除的目标。2019年10月，发改委表示2000家僵尸企业中约95%已经得到清理。看来，更加明确的市场退出机制，包括限制僵尸企业从政府获得补助或信贷支持，确已发挥效果。利用市场的力量，才能让信贷资源从原本低效的企业流入更加高效的企业和领域，同时降低金融风险，最终带来更高效、更具活力的市场。

尽管处置僵尸企业已经初见成效，但未来仍不能松懈，还需要时刻监控和管理，防止重蹈覆辙。部分僵尸国企通过企业破产法的实施成功从市场退出，但还有相当一部分僵尸企业被相对比较健康的国企收购，新一轮国企变成"僵尸"的故事，还有重演的可能。因此，进一步加强企业破产法的实施，更加严格控制地方政府对国企的隐性背书和信贷扶持，仍然是未来政策中不可或缺的重要内容。

第7章 化解债务风险,提高资源配置效率

地方政府的债务风险有多大

地方政府融资平台是企业债务激增的原因

自2008年全球金融危机以来,我国的非金融企业部门的债务占GDP比例增长最快。根据中国社会科学院国家资产负债表研究中心的数据,这一比率从2008年年底的95.2%上升至2020年年底的162.3%,高于绝大多数大型经济体。国企是企业债务上升的主要推手。根据国务院的数据,截至2019年年底,非金融类国企总负债达到149.8万亿元(中央国企负债达到58.4万亿元,地方国企负债达到91.4万亿元),几乎是2008年水平(中央国企负债11.9万亿元,地方国企负债14.1万亿元)的6倍。地方国企总负债占GDP比例从2008年的40%快速上升至2019年的92.2%,是债务累积的主因。其中,一种特殊的地方国企,即地

方政府融资平台,在很大程度上带来了这部分债务的膨胀。

2008年,地方政府融资平台应运而生。在"4万亿"刺激计划中,中央政府预算仅为1.12万亿元,其余资金来自地方政府。地方政府受预算限制,同时又无法直接借款,因此开始依赖地方政府融资平台作为融资渠道。随后几年,隐性债务水平的不断增长受到了中央政府的关注,这导致2011年和2013年的两次全国性债务审计,中央政府推出了控制地方政府债务的各种措施,包括大规模的债务债券互换以及对银行向地方政府融资平台放贷的监管限制。然而,地方政府融资平台仍然维持了增长,其资金来自债券市场和影子银行。

为了估算地方政府融资平台的债务规模,笔者整理发行债券的地方政府融资平台的数据后发现,截至2020年第二季度,2500多家地方政府融资平台仍有未偿还债券,约占在中国银行保险监督管理委员会(银保监会)注册的1万多家地方政府融资平台总数的1/4。这些平台有能力通过资本市场筹集资金,意味着它们是规模较大、实力较强的地方政府融资平台,占地方政府融资平台总债务的最大份额。根据其定期财务报表,笔者计算了其有息负债的金额(这个金额就是债务/GDP的分子部分),即图7-5中地方政府融资平台部分。如果把地方政府融资平台的债务从非金融企业债务中剔除,那么截至2020年第二季度,我国非金融企业债务占GDP比重降至109.4%,这一比率基

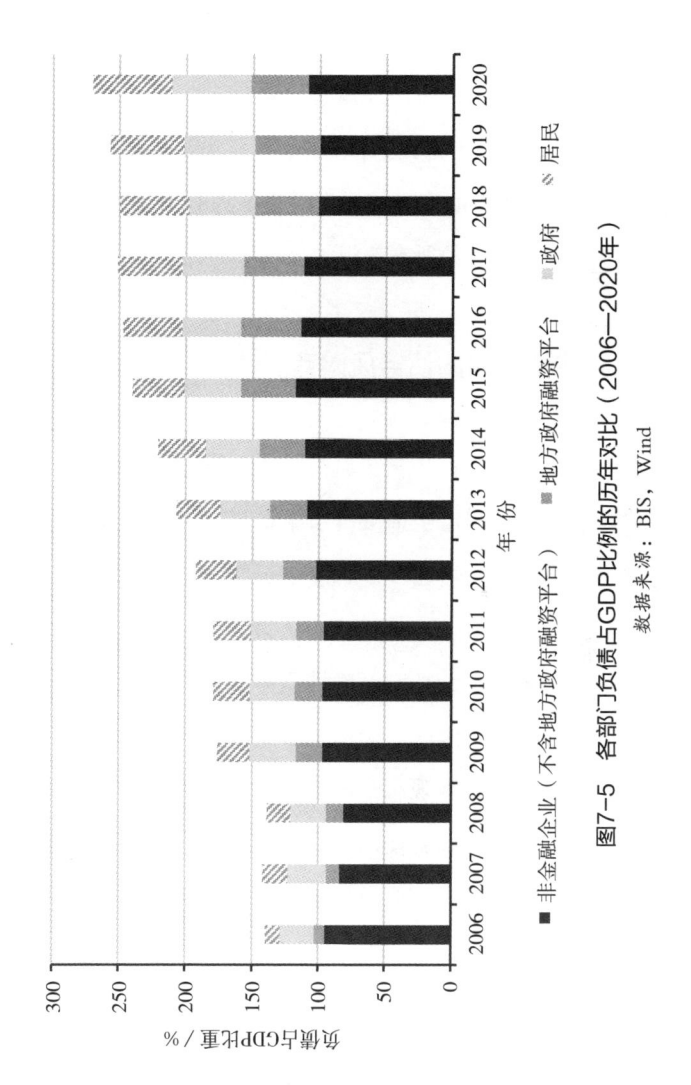

图7-5 各部门负债占GDP比例的历年对比（2006—2020年）

数据来源：BIS，Wind

本与20国集团经济体（G20）的平均水平持平。特别值得注意的是，2008—2019年，地方政府融资平台债务占GDP比重上升36.8个百分点，而剔除了地方政府融资平台债务的非金融企业债务占GDP比重，同期仅上升18.7个百分点。汇总显性债务和隐性债务后发现，地方政府的宏观杠杆率增长了约8个百分点，占2020年增幅的1/3，超过其他所有部门。

地方政府融资平台的债务风险有多大

地方政府融资平台的债务风险对市场来说并不是新问题。由于其规模和不透明度，地方政府融资平台方便了地方政府看好的企业获得资金，这在一定程度上可能导致将资源错误地配置到回报甚低的项目上。一些观点认为，硬预算约束的缺失和隐性担保的普遍存在，加剧了隐性债务问题，这种担忧在某些情况下有其合理性。因此，全面考察地方政府融资平台的资产情况，有助于我们以客观和全面的视角看待这个问题。通过了解地方政府融资平台如何使用所借资金以及产生哪些收益，我们可以更好地了解地方政府融资平台债务的风险有多大。在这里，笔者以安徽省省会合肥市为例，进行分析。

第7章 化解债务风险,提高资源配置效率

合肥,政府主导投资的典型案例

2020年,合肥GDP增长4.3%,同时也首次加入了超万亿GDP城市的行列。合肥拥有一所顶尖大学和许多著名研究机构,因此长期被视为科技中心,但这里曾经也是相对不发达的城市,工业基础较薄弱。在21世纪的前5年,合肥的人均GDP在31个直辖市和省会城市中排名位于后25%。2005年,合肥政府出台了以产业为导向的发展战略,目的是通过在科研与产业发展之间搭建桥梁,实现城市转型。此后,合肥经济起飞,迎来了发展的黄金10年。2005—2019年,合肥的实际GDP复合年增长率为13.4%,比全国GDP增长率高4.5个百分点。2011年以来,合肥在同类省会城市和直辖市中的排名持续上升。作为科大讯飞的发源地,也是海康威视、金山软件等科技公司合作落户的首选,合肥高新区2019年在169个高新区中排名第六。对京东方(液晶显示屏生产商,2007年)、合肥长鑫(内存生产商,2017年)和蔚来汽车(电动汽车生产商,2020年)进行投资后,合肥市政府还与阿里巴巴和华为一起被评为最佳风险投资机构。

合肥经济起飞的秘诀是什么?令人意外的是,答

案正是地方政府融资平台的成功投资。合肥设立了44个市级地方政府融资平台（39个目前正在运行），其中28个在2005年前设立。但直到地方政府于2005年宣布其发展战略后，这些地方政府融资平台才开始活跃起来。在599家投资组合公司中，449家公司在2005年之后获得投资；同样，地方政府融资平台控股子公司（包括地方政府融资平台设立的私募股权/风险投资基金）的1648项股权投资中，有1283项投资是在2005年以后进行的。合肥的投资组合涵盖所有19个行业类别，并没有局限于提供公共产品的传统领域，还致力于促进创新和创造市场。目前，合肥已形成汽车、装备制造、家电、液晶显示屏及电子信息、食品加工、新能源六大核心产业。

地方政府融资平台投资的成功经验

在传统认知中，政府主导投资会导致资本配置扭曲和效率低下，合肥的成功不禁令人发问：合肥的成功是一个特例吗？我们对地方政府投资的了解有多少？国际清算银行最近的一份报告旨在回答这个问题。报告作者利用中国1225个县设立的4432家地方政府融资平台的微观数据，探索了地方政府融资平台投资是否有助于促进地方经济增长这个问题。有证据表明，地方政府融资平台已从融资平台发展成为投资平台，并越来越多地像企业集团一样进行投资。与合肥一样，地方政府融资平台投资不局限于提供公共产品的领域。数据显示，从每年各县投资项目总数量和平均数量来看，提供公共产品的项目其实占少数。2014年以来，地方政府更积极地通过地方政府融资平台进行股权投资，不仅进行投资的县数量大幅增加，投资项目的平均数量也有所增加，特别是在非公共产品领域。

对多元化行业的投资，使得地方政府融资平台的财务生存能力有所提高，因为提供公共产品的基础设施和项目在最初几年里可能不会产生正现金流。财务稳健性可以改善地方政府融资平台的绩效，并为其进一步积极投资提供空间。事实上，地方政府近年来似乎倾向于多元化策略，这带来了更高的经济增长。

政府投资通常在一定程度上促进经济增长。但对于基础设施不足且经济基础薄弱的欠发达经济体而言，这可能使其陷入贫困陷阱。政府对公共产品的投资可以纠正市场失灵，有助于为经济增长奠定基础。而对非公共产品领域投资，可以培育特定行业，推动结构改革。这些活动可以带来"挤入"效应，促进地方经济增长。然而，当政府主导投资过多时，不仅会导致政府债务累积，而且过度投资会挤出民间投资，降低效率，从而拖累经济增长。国际清算银行的报告表明，投资多元化与地方经济增长呈倒U形关系。根据国际清算银行的估计，就每年新投资覆盖的行业数量而言，拐点约在6个行业左右；就项目数量而言，拐点约在10个项目左右。挤出效应和债务积压则是"过犹不及"的问题。这种机制很容易理解：额外资金最初会拉动经济增长，但过度的债务融资可能削弱地方政府和地方政府融资平台的能力，增加其融资成本，侵蚀其收入，并限制其未来融资能力。

通过关注债务用途，以及对合肥案例的研究和对微观层面的地方政府融资平台投资数据的分析中可以看到，地方政府融资平台债务并非一无是处，只要投资不过度，而且用于积累优质资产。

除了从地区经济增长的角度分析效益，我们还可以从基建项目的角度评估效益。基建项目得到了诸多关注。尽管从一开始就有质疑和批评的声音，但中国计划在未来15年将高铁网络运营里程翻一番，达到7万千米。到2035年，全国20万人以上城市将实现铁路覆盖，50万人以上城市将实现高铁贯通。

这些项目的财务和经济可行性如何？根据世界银行2019年发布的《中国的高速铁路发展》报告，中国高铁票价仅相当于国外（如法国、德国、日本等）票价的1/5～1/4。但由于中国高铁建设成本低于其他国家，且乘客密度较高，考虑到旅行时间缩短、温室气体排放减少、区域增长差距缩小等多方面经济效益，世界银行预计中国高铁的经济回报率为8%，这远高于此类大型项目所需资本的机会成本。采用同样的方法，保尔森基金会（Paulson Institute）的研究报告估算，2019年年底，中国高铁网净收益为3780亿美元（相当于GDP的2.4%），年度投资回报率为6.5%。

不仅是高铁，交通、能源和电信领域的其他基础设施项目也会产生积极的外部效应。尽管如此，项目收效甚低却被过度投资的现象依然存在，腐败问题也仍然存在。每个项目需要根据其本身优缺点进行评估。但整体而言，数十年的基础设施投资增强了地区互联互通，改善了人们的生活水平，为未来发展奠定了坚实的基础。根据世界银行的数据，在2007—2017年年均增长2.37%之后，中国的整体基础设施质量指数排名上升了18位，在137个国家中位列第47位，略高于东亚和太平洋地区的中位数。

地方政府债的应对之策：开前门，堵后门

虽然企业债务占了我国债务负担的大头，但政府债务也占了约20%的比重。政府债务是政府刺激经济增长的重要手段，特别是在经济增长放缓时期。财政政策的主要抓手在基建投资，

地方政府对债务管理采取了"开前门，堵后门"的措施。

"堵后门"，意味着对隐形债务和高风险融资渠道的严格控制。由于这些债务的累积并不反映在政府债务的明面数据上，地方政府融资平台往往受到较大青睐。但是，这一方式现已被禁止，更加不透明和高风险的融资渠道，例如信托委托贷款、政府和社会资本合作（PPP）等，也都被严格管制了。此外，对已经成立的地方政府融资平台的管控也同样重要。

而"开前门"意味着要进一步打开标准化和合法的融资渠道，特别是专项债等。专项债是记在地方政府明面债务上的，因此更易管理、更加透明。专项债收益被严格要求只能用于偿还相关融资项目的贷款，也更加市场化和高效。过去几年以来，专项债发放有了较快的增长，特别是2020年，在疫情的影响下，专项债发放高达3.75万亿元。同时，政府对专项债的使用方向也加强了管控，使得专项债更多用于基建投资，而非棚改和房地产项目。这在一定程度上推动了基建投资的增长，为经济增长托底。

第 7 章　化解债务风险，提高资源配置效率

房地产债务值得关注

房地产行业具有较高的杠杆率，这使得政策制定者对其可能带来的金融风险给予了更多的关注。首先，房地产行业的贷款大部分来自住房贷款，占房地产全行业贷款约75%。2015—2019年的5年间，住房贷款规模或已翻倍，于2019年达到33万亿元，相当于GDP的1/3。除去它可能带来的金融风险，住房贷款也挤压了居民在其他方面的消费支出。然而笔者认为，房贷负担实际上仍然是可控的。原因主要有以下两点：第一，尽管房贷大幅增长，但对居民来说，他们的资产也在不断累积。从资产负债表的角度来看，居民的净资产仍然处于较高水平。第二，从国际视角来看，我国的居民杠杆率仍然处于中间水平（约90%），低于OECD的中位数109%。

除了住房贷款，房地产行业另一部分的债务来自房地产企

业的负债。如图7-6所示，2019年，上市房企的平均资产负债率超过了80%，这在所有行业中处于较高水平。房地产开发贷款在2019年达到11.2万亿元，2015—2019年的5年里，平均增速达到15%。除了贷款，房企发放债券也使得其债务增加。

房地产繁荣：风险有多大

疫情暴发以来的两年间，房地产市场出现了"先热后冷"的走势。2020年下半年至2021年上半年间，由于房地产市场增长过快，中国银保监会主席、央行党委书记郭树清多次就与中国房地产市场相关的金融风险发出警告。他强调，在过去100年的130次全球危机中，有超过100次与房地产有关。2020年，我国的房地产销售额（17.4万亿元）和销售面积（17.6亿平方米）均创历史新高，同比分别增长8.7%和2.6%。放眼全世界，中国并非个例，其他国家的房地产市场也在疫情期间蓬勃发展。2020年，中国房价同比上涨7.5%，但低于新西兰（12.7%）、美国（10.3%）、韩国（8.3%）、德国（7.8%，数据截至2020年第三季度），与英国（7.2%）相当。

那么，是什么引发了政策制定者的担忧？一个主要的担忧源于住房负担能力水平的下降。特大城市及其卫星城市的房产价格上涨比其他地方快得多，主要是因为它们提供了大量的就

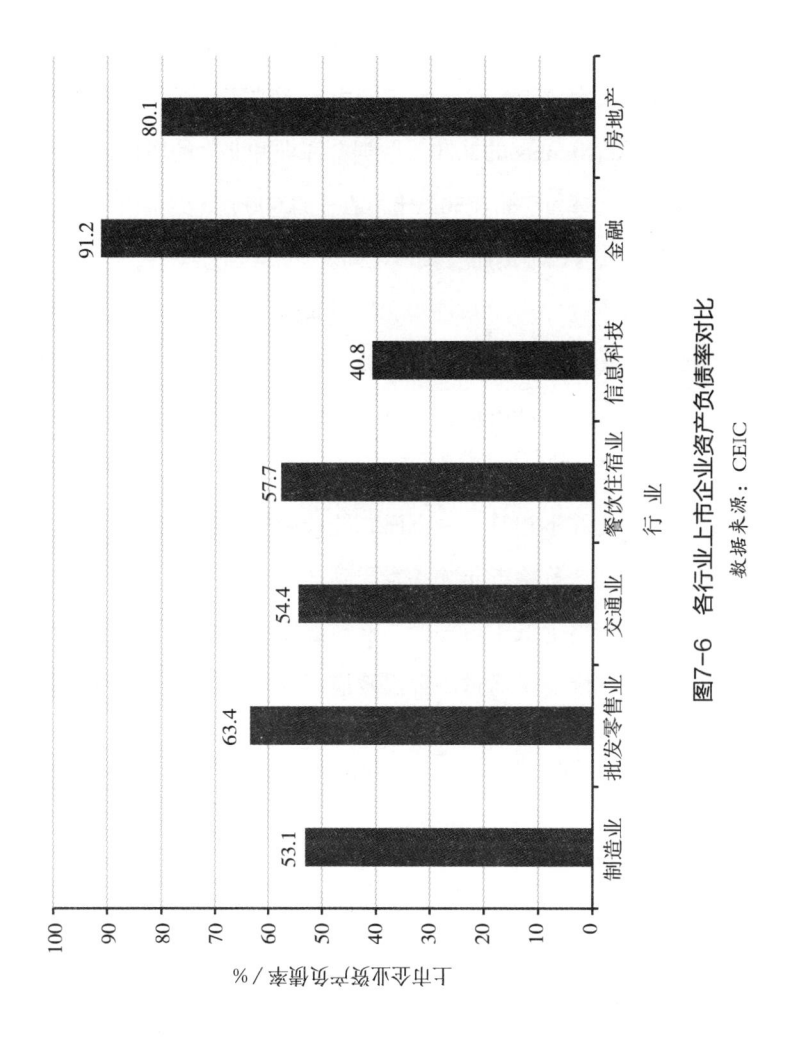

第 7 章 化解债务风险，提高资源配置效率

图7-6 各行业上市企业资产负债率对比

数据来源：CEIC

业机会、便利的交通、更先进的教育和优质的医疗资源。这吸引了人口的流入，促进了房地产市场的繁荣。随着房价的快速上涨，近年来大城市的住房负担能力水平则不断下降。根据全球资料库网站Numbeo的2020年数据，深圳和北京的房价收入比在40以上，上海和广州在30以上。在全球500个同类城市中，这些城市都跻身前15个最昂贵城市之列。

特大城市的住房问题自2020年以来进一步加剧，而国家统计局的70个大中城市住房价格指数并没有充分反映这一点。根据国家统计局70个城市指数，只有深圳的二手房价格增长速度高于7.5%的平均速度。而事实上，这一数据过于保守，与笔者观察到的情况并不相符。一方面，统计局的数据涵盖了所有新房交易，但新房价格近年来一直受到地方政府控制。因此，新公寓的挂牌价格远低于市场价格，被严重超额认购。在炙手可热的市场中，配额是通过一种由政府严格管理的类似彩票的制度来分配的。这就造成了一线城市新房价格的涨幅低于二手房价格。其次，对二手房，国家统计局使用的是调查过的交易，而不是所有的交易。但还有一个很好的替代指标——由中国社会科学院开发的大数据房价指数（BHPI）。BHPI对所有可用的二手房交易数据采用重复销售模式和大数据分析，可以反映更全面的房价走势。如图7-7所示，统计局和社科院二手房价格指数在上海和深圳的差异显著。

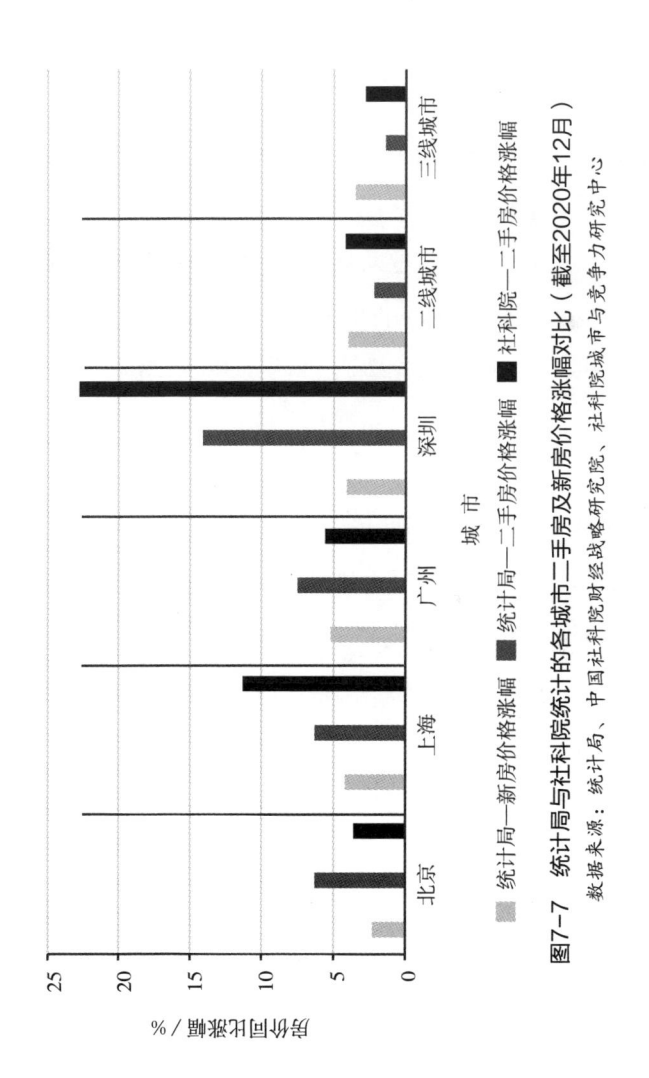

图7-7 统计局与社科院统计的各城市二手房及新房价格涨幅对比（截至2020年12月）

数据来源：统计局，中国社科院财经战略研究院，社科院城市与竞争力研究中心

金融监管机构最担心的是金融风险。一项对金融危机长达800年的著名研究发现，房地产繁荣和随后的萧条往往预示着金融崩溃。郭树清也强调，大多数危机与房地产市场有关。那么，中国在房地产周期中处于什么位置？中国房地产的繁荣已经持续了几十年，尤其是在一线城市。有研究认为，中国的房地产市场可能处于一次重大调整的边缘。根据研究者的估计，2016年房地产及相关活动占中国GDP的24%，相当于2008年全球金融危机前的爱尔兰（占22%）和西班牙（占28%）。他们得出的结论是，中国房地产行业可能非常容易受到新冠肺炎疫情持续的冲击。

诚然，中国经济高度依赖房地产行业。多年来，房地产市场的起伏很大程度上是由住房政策驱动的。然而，这种政策机制推高了供不应求的需求，在特大城市更是如此。同时，因为中国的金融市场发展仍不完善，可供投资的资产不多，房地产被视为一种重要的投资手段，这进一步推高了对房地产的需求。为了减少投机者的活动，2016年12月，政府提出了"房住不炒"政策，表示不会依靠房地产市场来刺激经济，同时主张通过深化金融改革，增加金融投资工具，淡化住房作为投资手段的作用。根据研究者的逻辑，与住房相关的GDP份额已经从2015年的峰值30%左右的水平回落，这表明中国经济对房地产的依赖性降低。

金融部门受到房地产市场的严重影响

除了实体经济,政策制定者还担心房地产市场对金融体系的影响——房地产市场的风险将如何传导到金融部门?

银行在抵押贷款和房地产贷款方面有相当大的直接风险敞口。2020年上半年,大多数国有银行和部分股份制银行的房地产贷款占贷款总额的1/3以上。截至2020年年底,房地产业贷款占银行贷款余额的30%。

除了直接风险敞口,银行还通过抵押品,对房地产市场有大量间接风险敞口。大多数行业的贷款通常以土地或房地产作为抵押,房地产是使用最广泛的抵押工具。这又增加了至少10%~15%的银行间接风险敞口,使得房地产成为银行风险敞口最大的领域。总的来说,超过40%的银行贷款以房地产作为抵押。房地产市场的重大调整是否会引发多米诺效应?不断上升的借款人违约率,不断恶化的银行资产,紧缩的信贷环境,以及银行业危机,是否会造成恶性循环?理论上,这是可能的。抵押品渠道被认为是大萧条和全球金融危机的主要驱动因素。这就是政策制定者在应对房地产市场的繁荣和萧条时极其谨慎的原因。

尽管如此,由于审慎监管,中国的金融机构通常拥有强大的缓冲能力。对住房贷款，30%的首付通常是规定的最低要求；对其他类型的贷款，抵押财产或土地价值折价30%或更多也很常见。巨额保证金为债权人提供了一定缓冲，使其能够在承受损失之前抵御资产价值的下跌。

挤出效应令人担忧

房地产市场的繁荣吸引了大量资本，挤占了其他行业的信贷。郭树清曾在多个场合强调将房地产相关贷款增速降至低于平均贷款增速的重要性。的确，房地产相关贷款的增长在2016年达到了惊人的27%的峰值，随后在"房住不炒"的政策基调下有所放缓。2020年6月以来，其他贷款增速超过了房地产类贷款增速。但现实情况要复杂得多，因为房地产相关贷款可以被伪装成其他类型的贷款。2020年，中国银保监会及其地方办事处加大了对资金变相流入房地产市场的监察，比如将个人消费贷或经营贷款用作买房首付，或将开发商贷款打包为不透明的非标准债务资产。据《21世纪经济报道》的报道，中国银监会在2020年共开出4774笔罚款，总额超过20亿元。值得注意的是，在其中13项"巨额"罚款（2000万元以上）中，有7项与房地产非法集资有关。

2021年年初以来，银保监会及其地方办事处，针对房地产市场火爆的地区已经加大了对个人消费贷和经营贷违规流入房地产市场的调查力度。这类贷款的增长多年来一直乏力,但在2017年开始快速增长;与此同时,房地产相关贷款减速。2020年,个人经营贷同比增长超过20%,2021年继续保持增长势头。然而在现实中,这类贷款的增加或许并非反映了小微企业经济活动的复苏,而是房地产市场的繁荣。这的确令人担忧,特别是考虑到政府正鼓励银行增加对小微企业的贷款,以支持实体经济。

在对政策制定者的担忧——不断恶化的住房负担能力、银行对房地产的巨大敞口以及挤出效应——进行评估后,显然,房地产市场已被视为经济面临的最大"灰犀牛"。

控制"灰犀牛"的政策工具包

政策制定者将采取什么措施来抑制房地产市场?鉴于房地产相关活动对整个经济的重要性(占GDP的20%以上),以及金融业对房地产的巨大敞口,政策制定者致力于防范和化解金融风险,正在采取长期措施解决供求问题,稳定房价和地价,管理购房者预期,并为此采用了一系列逆周期和结构性政策工具。逆周期政策包括宏观审慎政策、货币和财政政策,这些最好作为早期干预措施,而结构性政策旨在解决供求失衡等根本问题。

2021年下半年，经济复苏步伐已经显现放缓迹象，房地产政策不应以影响整体经济为代价。因此,货币政策仍将保持灵活性。国际经验表明，财政措施对房地产投资决策也有影响，尽管不一定能有效地平滑房地产周期。这些财政措施通常采取如交易税、财产税和抵押贷款利息税减免等税收手段。在中国，这些手段通常由地方政府自行决定，以便更好地适应当地房地产市场的特点。房产税还处于发展初期，目前正在部分城市试点，"十四五"规划中也包含了促进房产税立法程序的声明。

哪些逆周期措施最有效、最实际？对于政策制定者来说，这不是一个新问题。1997—1998年亚洲金融危机之后，各国央行官员和国际组织就开始考虑政策工具，以减少房地产泡沫破裂对金融和宏观经济稳定造成的损害；在2008年全球金融危机后，这一议题的讨论变得尤为激烈。央行界已达成共识，即宏观审慎政策比货币政策更适合抑制房地产市场和杠杆。这些措施更加灵活，包括对贷款价值比（LTV）和债务收入比（DTI）的限制，以及对房地产资产更高的资本要求。限制LTV和DTI比率，有助于降低购房者的违约风险，而资本和拨备要求，要求银行增加逆周期缓冲，以应对不时之需。当房地产市场过热时，地方政府通常会实施不同的首付比例要求，即第二套公寓的LTV上限（通常为50%）低于第一套公寓的LTV上限（通常为

70%）。这样一来，除了降低杠杆率，还能抑制投机性投资。上述其他工具或已被金融监管机构引入，或正在计划中。

自2020年第四季度以来，中国的金融监管机构已开始采取一系列措施，覆盖房地产生态系统，包括购房者、开发商和金融机构。除了对房地产贷款集中度的限制，央行副行长潘功胜于2020年10月宣布两个宏观审慎政策：随房地产周期而定的房地产风险权重和限制DTI比率。风险权重对银行资本进行监管，并对信贷供应产生顺周期影响。对DTI比率的限制有助于遏制住房需求压力，同时也限制购房者的杠杆比率。尽管这两个政策针对不同的群体，但有一个共同的主题：它们都寻求提高银行体系的弹性。这将减少房地产市场繁荣和萧条对经济的影响，从而将系统性风险的可能性降至最低。

在"因城施策"政策框架下，地方政府被赋予更多自由。除了上文中讨论的LTV比率和税收，一些地方政府还规定了购房者资格（例如，在本市缴纳社保的最低年限、每位居民最多拥有的公寓数量）和二手房售房限制（最低持有年限）。自2020年2月以来，一线城市已启动新一轮房地产市场紧缩政策。市场出现过热迹象的城市，如上海和深圳，已经出台了更多和更严厉的措施。与此同时，中国银保监会在加大对贷款违规流入房地产市场的调查力度。据《证券时报》报道，2021年1月8日至3月18日，中国银保监会及其地方办事处对非法向房地产市场融资的银行开出了53张罚单。2021年3月26日，3家中央政府机构联合发布通知，呼吁在全国范围内努力防止房地产市场的违规贷款。金融监管机构还加强了规定，限制非银行金融机构向房地产行业提供资金。银保监会配备了自主研发的SupTech（检测分析技术）系统，并拥有高粒度的银行贷款数据，因而也具备了更强的分析和监管能力。它将使用大数据分析来识别不合规行为，并检测与房地产相关的贷款风险。

上述措施多为中短期和逆周期措施。但从长远来看，结构性问题需要结构性改革来解决，也就是房地产市场稳定健康发展的长效机制。这是多年来的热词，但具体措施还有待落实。长效机制主要针对房地产市场的供求失衡，包括发展租赁市场，增加公共房屋或资助房屋的供应，以及土地改革。以土地改革为例，有如下改革重点：

第一，下放土地使用批准权（2020年3月）。在过去，农业用地进入市场由中央政府审批，目的是确保耕地保护和粮食安全。但这也造成了审批周期延长、手续繁杂、效率低下等问题，不利于重大项目的及时实施。下放土地审批权可能在一定程度上缓解这些问题，并可能增加土地供应。

第二，住宅土地集中拍卖体系（2021年2月）。在22个主要城市，地方政府每年拍卖土地的数量将被限制在3块。批量出售增加了信息的透明度，因其明确介绍了供应地块的数量，同时由于地方政府的收入严重依赖土地出售，这也降低了地方政府投机的可能性。

第三，"十四五"规划指出，中国正在考虑建立土地跨区域交易机制。城乡用地和城乡发展不平衡是一个长期存在的问题。在土地供应方面，城市，特别是特大城市，受到配额限制，土地供应不足，土地价格不断上涨。2008年，重庆曾创建"地票"制度，城镇每新增一块建设用地，都可以从农村收回同等数量的耕地，从而规避了城镇新增耕地配额的限制问题。自那之后，重庆的房价涨幅相对其他城市要低许多。重庆市前市长黄奇帆是该制度的积极倡导者。这一改革如果得以实施，将是缓解房地产市场供应短缺的重要一步。

金融风险与经济发展

尽管我国债务负担依旧相对较高，其可能引发的金融系统风险也不容忽视，但值得注意的是，债务负担的大头其实集中在国企部门。这意味着，如果将信贷资源从国企更多地向民企分配，将有助于解决债务水平过高的问题。而增加对中小民营企业的支持，也将进一步激发投资和创新发展，推动我国走向生产率导向的发展道路。与此同时，清理僵尸国企，改革对国企的隐形支持和补贴，并通过"开前门，堵后门"的方式管控地方政府债务，均将有助于控制金融风险，还将帮助信贷资源更多地流向更加高效的民营企业。一言以蔽之，这些债务管理措施不仅可以降低金融系统风险，还可以支持更高效的经济领域，从而在中长期推动我国经济可持续增长。

结　语

我国经济的发展面临着多样挑战，但笔者仍充分看好我国中期的增长潜力。劳动力素质提高，研发支出增长和结构性改革，将在未来几年推动创新，加快产业升级，推动中国生产率增长。以产业升级和创新为主导的生产率增长，将在促进经济增长方面发挥更大作用，促进经济增长模式从依赖制造业和建筑业向着依赖高附加值制造业和服务业转变。同时，将信贷再分配至效率更高的部门，可减缓信贷密集型经济增长，这也有助于从根本上解决中国债务高企的问题。加快生产率增长，将支撑经济的高速增长，而这又将有助于应对老龄化社会带来的各种挑战，并抵消劳动力数量减少对经济增长带来的不利影响。

参考文献

[1] Ha J, Lee S H. Population Aging and the Possibility of a Middle-Income Trap in Asia [J]. ADB Economics Working Paper Series No. 536,2018.

[2] De Jong J, Verhoeven W. WBSO Evaluation 2001-2005: Impact, Target Group Reach and Implementation [Z]. Maastricht: Ministry of Economic Affairs, 2007.

[3] Czarnitzki D, Hand P, Rosa J M. Evaluating the Impact of R&D Tax Credits on Innovation: A Microeconometric Study on Canadian Firms [J]. Research Policy, 2011,40(2):217-229.

[4] Foreman-Peck J. Effectiveness and efficiency of SME innovation policy [J]. Small Business Economics, 2013,41(1):55-70.

[5] Moretti E, Wilson D J. State Incentives for Innovation, Star Scientists and Jobs: Evidence from Biotech [C]. Journal of Urban Economics, Spatial Dimensions of Labor Markets, 2014,79:20 – 38.

[6] A Dechezleprêtre, Eini E, Martin R, et al. Do Tax

Incentives for Research Increase Firm Innovation? An Rd Design for R&D [J]. National Bureau of Economic Research, 2016.

[7] Poot T, Hertog P D, Brouwer E. Evaluation of a major Dutch Tax Credit Scheme (WBSO) aimed at promoting R&D [J]. Mimeograph. http://193.196.11.222/pub/zewdocs/evaluationR%26D/EBrouwer.pdf.

[8] Lokshin B, Mohnen P. Measuring the Effectiveness of R&D Tax Credits in the Netherlands [J]. CIRANO Working Paper, 2007.

[9] OECD, OECD Innovation Strategy 2015 An Agenda for Policy Action [M]. Paris: OECD Publishing, 2015.

[10] Corrado C, Haskel J, Jona-Lasinio C, et al. Intangible Capital and Growth in Advanced Economies: Measurement Methods and Comparative Results [J]. Economics Program Working Papers, 2012.

[11] Andrews D, Criscuolo C. Knowledge-Based Capital, Innovation and Resource Allocation [J]. OECD Economics Department Working Papers, 2013.

[12] Warda J. Measuring the Value of R&D Tax Treatment in OECD Countries [J]. OECD Publishing (ed.), STI Review No.27: Special Issue on New Science and Technology Indicators, 2001.http://www.oecd.org/sti/37124998.pdf.

［13］Asian Development Bank. Asian Development Outlook (ADO)2017: Transcending the Middle-Income Challenge [R]. Manila, 2017.

［14］Lawrence M, Bullock R, Liu Z. China's High-Speed Rail Development. International Development in Focus [R]. Washington, D. C.:World Bank Group, 2019.

［15］Reinhart, Rogoff. This Time is Different: Eight hundred years of financial folly [M]. Princeton: Princeton University Press, 2009.

［16］Rogoff K, Yang Y. Has China's Housing Production Peaked? [J]. China & World Economy, 2021,1(29):1-31.

［17］Bernanke B. Non-Monetary Effects of the Financial Crisis in the Propagation of the Great Depression [J]. American Economic Review, 1983(73):257-276.

［18］Mian A, Sufi A. House Prices, Home Equity-Based Borrowing, and the U. S. Household Leverage Crisis [J]. American Economic Review, 2011(101):2,132-2,156.

［19］Crowe C, Igan D, Rabanal P. Policies for Macrofinancial Stability: Managing Real Estate Booms and Busts [R]. Washinton D. C.:International Monetary Fund, 2012.